THE
NEW
RUSSIA

Readings on Russian Culture

NIJOLE WHITE

Bristol Classical Press

First published in 2000 by
Bristol Classical Press
an imprint of
Gerald Duckworth & Co. Ltd
61 Frith Street
London W1V 5TA
E-mail: inquiries@duckworth-publishers.co.uk
Website: www.ducknet.co.uk

A catalogue record for this book is available
from the British Library

ISBN 1-85399-608-4

Printed in Great Britain by
Booksprint

CONTENTS

Chapter 4: Мужчины и женщины

Chapter 5: Социально-экономическая сфера

Chapter 6: Культура и рынок

INTRODUCTION

There can be no doubt that Russia has changed a great deal over the past decade. Important transformations have taken place in its economic system, in its political institutions, in its social structure and in the attitudes of its people. In some ways the results of this process of change have lived up to the expectations of the reformers who at the end of the 1980s set out to democratise Russia, and to integrate it into the world economic system, making it a prosperous and thriving modern country. But the performance of the economy has been disappointing, and the market-oriented reforms have turned out to be a mixed blessing. The reforms designed to promote democracy have fallen short of creating a political system which assures the kind of freedoms and civil rights which are normal in Western countries.

Despite the changes that have taken place, many examples of continuity with the past remain. Some of the most obvious ones are from the Soviet period. These include some attitudes which have become ingrained, such as the preoccupation with 'social justice' and the consequent abhorrence of the inequalities associated with the market economic system. Other continuities come from further back in Russian history. These include the collectivist attitudes which derive from the social organisation of the village commune, in which peasants lived until relatively recently, and the propensity to accept an authoritarian form of government, since this is the way Russia has been ruled for most of its history.

The abundance of continuities with the recent and not so recent past, taken together with the peculiar forms of political and social organisation that emerged in Russia in the 1990s as a result of marketisation and democratisation, prompt us to turn our attention to Russian cultural specificity. It is entirely possible that seemingly unexpected developments can be accounted for by the enduring power of culture to shape any imported ideas to make them congruous with itself.

Culture in this sense is taken to mean a number of things that are common to a particular group of people and are unique to them: the framework of ideas and shared knowledge, the set of patterns or templates of behaviour and the criteria for the evaluation of that behaviour.

Russian culture has been exposed to external influences from the West since the time of Peter the Great and has been assimilating them. It should be no surprise therefore that the more recent importations of ready-made Western economic and political models have been processed in a similar way: they have become enmeshed in indigenous patterns of economic and political organisation and have undergone modification in line with 'the historical experience, culture and traditions of Russia'.[1] Marketisation and democratisation have been 'absorbed and transformed by a different culture'. In other words, the process of reform has been 'culturally constructed' and the ensuing outcomes have been 'culturally marked'.[2]

The underlying interaction between the indigenous and the borrowed can be observed in practically every aspect of life in Russia in the 1990s. The extracts assembled here reflect this process, offering examples both of acceptance of some Western ideas and practices, such as the egalitarian family model or the idea of sex education in schools, and rejection of these ideas, and reaffirmation of the traditional family model and the justification of the taboos on any discussion of sexual matters. They represent a snapshot of political discourse in the late 1990s and have been extracted from the newspapers *Независимая газета* («НГ»), *Московские новости* («МН») and *Аргументы и факты* («АиФ»).

While it is not the intention of this introduction to go over the ground which will be covered in the extracts, it may nevertheless be helpful to the reader to have some background information on each individual text as well as a general idea of the organisation of the material into chapters.

The first chapter, entitled *Самоидентификация,* reflects the search for a Russian national identity as perceived by ordinary Russians. It has been drawn from a study of Russian public opinion made by the Russian Independent Institute of Social and Ethnic

Problems (РНИСиНП – Российский независимый институт социальных и национальных проблем) in June 1998.

Chapter 2, entitled *Политическая культура*, initially focuses on the perceptions of political systems: democracy in *О демократии*, and authoritarian rule in *«Сильная рука»*. The first of these is based on a discussion of survey data gathered by the Bureau of Applied Sociological Research (Бюро прикладных социологических исследований) in 1998 in order to assess the dynamic of people's attitudes mid-way through Boris Yeltsin's second term as Russia's president. The second uses material collected over a number of years by the Russian Independent Institute of Social and Ethnic Problems.

Russians' view of different types of politician is the subject of *Имидж политика* which is an extract from an interview with a deputy rector of the Russian Media Institute, while *Президент устал* is a personal assessment of Yeltsin's rule by Boris Nemtsov, a close associate of Yeltsin's following the 1991 August coup[3] who in 1997-1998 occupied the post of deputy prime minister in the governments of Viktor Chernomyrdin and Sergei Kirienko.

The next theme is the fusion of Russian politics with the interests of Russian 'big business'. In *Бизнес и политика* Irina Khakamada, a businesswoman and a pro-market member of the Russian Duma,[4] offers a personal view on what it is like to work in these areas. Boris Fedorov, another pro-market politician and member of the Russian Duma, an experienced monetarist respected in international financial circles,[5] adds further touches to the same subject in *Олигархи*, and in *Политическая стабильность* Boris Berezovsky, businessman and media magnate,[6] speaks about the importance of politics to Russian business interests.

The remaining extracts in this chapter are concerned with particular political ideas. *На рубеже 1999 – 2000 гг.* sets out four distinct tendencies and compares their economic and political goals. The extract dates from March 1999, shortly before the start of the campaign for the elections to the Russian State Duma which took place in December of that year. In *Государственная идеология* Andranik Migranian, prominent academic and advocate of a strong Russian state,[7] considers the possibility of a new 'national idea' for Russia. An example of an attempt to formulate a potentially unifying ideology can be found in *«Отечество» в поисках веры*. A number of ideas similar to those discussed here were subsequently adopted by Vladimir Putin, who succeeded Boris Yeltsin as president of Russia in the year 2000.

Social culture is represented in three chapters, each focusing on a particular aspect of society: the family in chapter 3, *Семья*, relationships between men and women, incorporating specific problems experienced by women, in chapter 4, *Мужчины и женщины*, and in chapter 5, *Социально-экономическая сфера*, on structural changes in Russian society and on the ways people have been affected by the process of marketisation.

In the first text of chapter 3, *Семья*, entitled *Наступает эра «супружеского брака»*, the eminent sociologist Natal'ya Rimashevskaya speaks about the changes in the prevalent types of family and relationships within the family, and in particular the role of women. A concrete example of two opposite types of family is to be found in *Не хочу быть эгоисткой*. The extract that follows, *Мы решили проверить свою любовь*, relates the story of a couple who decided to live together without getting married.

The text *Почему наши бабушки любят внуков больше, чем заграничные* is on the subject of parents and children, with particular reference to expectations of mutual obligation. This is contrasted with relationships that obtain in the West, in this instance in Germany. The text *Преступность и дети* consists of two distinct parts: the author of the first draws an impressionistic picture of children who beg in the street, and reflects on the possible reasons for this, while the second is a more dispassionate consideration of the causes of juvenile delinquency as a social phenomenon.

The final text in this chapter, *Насилие в семье*, also consists of two parts. In the first, Duma deputy Galina Sillaste, long-time campaigner for a law on domestic violence, looks at the causes of the phenomenon and its extent. The second is a note on the presentation of a report on violence to women in Russia. The study on which the report was based was conducted by the international organisation Human Rights Watch.[8]

Chapter 4, *Мужчины и женщины*, first deals with attitudes to sex education in schools. The two extracts included here are part of the wider polemic, which was especially heated in 1997 and 1998. The author of *Грех как вариант нормы?* attacks the notion of sex education as something alien to Russian culture and associates all sorts of evils with it, while the author of *Сексуальная контрреволюция и ее жертвы* argues in favour of sex education in schools and outlines the various consequences of sexual ignorance.

The extract *Существует ли в России дискриминация мужчин?* describes a meeting of Russian feminist organisations at which the dire situation of men was discussed. In *Сделает ли российская женщина счастливым своего мужа?* Mariya Kotovskaya, an eminent feminist, together with two other scholars, offers an account of a study which examines changes in attitudes of young women.

И карьеристки, и домохозяйки reports on another study aimed at identifying the differentiation of interests among four broad groups of women, and the authors of *Размышления будущей домохозяйки* and *Страшно потерять себя. Размышления бывшей домохозяйки* consider the various advantages and disadvantages of being a *домохозяйка*.

The author of *Запишите меня в феминисты*, a 'modern' man, sets himself up as an advocate of the advantages of feminism, a system of beliefs which is thought to be irrelevant to Russia, and even downright harmful.[9] A typical example of the activities of a grass-roots women's organisation[10] is described in the text *Помощь семьям*.

The final text of the chapter, *Когда муж безработный*, illustrates the various strategies for coping with economic hardship on the level of individuals and the resultant re-definition of roles within the family.

Chapter 5, *Социально-экономическая сфера*, opens with a description of the social group which had benefited most from the process of marketisation – *Планета новых русских*. The emergence of a middle class, generally held to be the foundation of liberal democracy, was the subject of a wide-ranging survey conducted by the Russian Independent Institute of Social and Ethnic Problems in February and March 1999, and the text *Средний класс по-российски* is an extract from a report on that study.

The subject discussed in *На дне* is homelessness: the five sub-sections included here range from individual life stories to the definition of the phenomenon of homelessness, the consideration of its causes, extent and social provision for its victims. One of the more extreme reactions to economic hardship, suicide, is discussed in *Шагающие в бездну*, while in *Мир без наркотиков? Забудьте!* the extent of the problem of drugs and the prospects for their legalisation are examined by Lev Timofeev, director of the Centre for the Study of Shadow Economies, Corruption and Organised Crime (Центр по изучению нелегальных экономик, коррупции и организованной преступности). The extract *Пинкертоны нашего времени* focuses on a concomitant of the phenomenon of crime – the rise of private detective agencies.

Chapter 6, *Культура и рынок*, is devoted to culture understood as the sphere in which works of literature, music and art are produced, and, in particular, to the functioning of this sphere in the conditions of marketisation. In the introductory section, *Кризис культуры не от скудости средств*, Boris Kagarlitsky, Senior Research Fellow at the Institute of Comparative Political Studies (Институт сравнительной политологии) of the Russian Academy of Sciences, looks at the role of culture, and of the intelligentsia, in different societies, and their dependence on the political masters and the wealth creators in each of them.

The following two extracts deal with the realm of the mass media. *«Газетный Сахаров» – это утопия* is concerned with the issue of media freedom and is an extract from an interview with Vladislav List'ev, a popular and respected television personality who was assassinated on 1 March 1995, possibly because of his activities as executive director of the television channel Ostankino/ORT aimed at tackling corruption in advertising sales.[11] The interview took place in October 1994, but was only published in *Московские новости* in February 1998. In *Телевидение и общественное сознание* Vsevolod Vil'chek, specialist in analysing audience reaction to media messages, discusses the changing preferences of viewers and also the role of television in the formation of public opinion.

The remaining texts illustrate ways in which representatives of three creative professions adapt to the new economic conditions of the 'transition'. *Московские литераторы* concentrates on the new type of *literateur* and compares his lot with that of the Soviet writer.

Ресторанный музыкант tells the reader what it is like to play for the pleasure of the 'new rich', while in *Арбатские художники* we discover why artists come to work in Old Arbat, and why they stay.

The present collection is aimed at the student of Russian who has reached the intermediate level of linguistic competence and wishes to proceed to a more advanced level. It is assumed that he or she will have access to a good dictionary, for example, *The Oxford Russian Dictionary*, third edition, which has been expanded to include much of the new vocabulary of the 1990s.

Notes have been provided for those words and phrases that cannot be found in the dictionary. In addition there are explanatory notes on personalities and events where knowledge of background information is essential for the understanding of the text message.

It is envisaged that the main form of work with the collection will be reading comprehension. This can be done with or without the use of the Russian questions placed after each text, or, in the case of longer extracts which have been divided into sections, at the end of each section. Most of the texts also lend themselves to the task of written summary – in Russian or in English, and to critical assessment and discussion.

Notes:

---

[1] This opinion belongs to Leonid Abalkin, a prominent economist; quoted in Stephen White, *Russia's New Politics: The Management of a Postcommunist Society* (Cambridge University Press, 1999) p. 142.

[2] Martha Bruno, 'Women and the Culture of Entrepreneurship' in Mary Buckley, ed. *Post-Soviet Women: from the Baltic to Central Asia* (Cambridge University Press, 1997) pp. 67-8.

[3] *Кто есть кто в России* (Moscow, Olimp EKSMO-Press, 1998) pp. 465-7.

[4] *Кто есть кто в России*, pp. 675-6.

[5] ibid., pp. 656-8.

[6] ibid., pp. 62-4.

[7] Richard Sakwa, *Russian Politics and Society*, second edition (Routledge, 1996) p. 47.

[8] Human Rights Watch, *Russia: Too Little, Too Late: The State's Response to Violence to Women*, December 1997.

8

[9] Sue Bridger, '"Something Unnatural": Attitudes to Feminism in Russia', paper given at the Annual Conference of the Scottish Society for Russian and East European Studies, Glasgow, 27 November 1999.

[10] Rebecca Kay, 'Grass-roots Women's organisations in Russia', paper given at the Annual Conference of the Scottish Society for Russian and East European Studies, Glasgow, 27 November 1999.

[11] Stephen White, *Russia's New Politics*, pp. 168-9.

Chapter 1

САМОИДЕНТИФИКАЦИЯ

1.1 С КЕМ ОТОЖДЕСТВЛЯЮТ СЕБЯ РОССИЯНЕ?

Долгое время жителей России приучали к мысли о том, что любой россиянин прежде всего часть «народа» (в СССР – «советского народа»). Официальная иерархия идентичностей и в Российской империи, и в СССР строилась одинаково: держава (народ), коллектив (производственная или сельская община), семья, сам человек. И россияне действительно ощущали принадлежность к большой державно-народной общности, а потому очень болезненно восприняли крушение Советского Союза.

С кем же они отождествляют себя сегодня? Что им более близко: реальный круг общения или абстрактная социальная группа?

Как показывают данные исследования, решающую роль в жизни россиян играет отождествление себя с семьей, с друзьями. С ними часто идентифицируют себя три четверти россиян. Полученные данные вполне закономерны, если учесть, что при любом кризисе глобальных общностей именно группы непосредственного общения становятся нишей, куда устремляется человек в поисках защиты от социальных потрясений.

Второй по значимости ряд образуют общности, чувство близости с которыми часто испытывают не менее половины россиян (50–53%). Одна из таких общностей – товарищи по работе, учебе – также носит вполне предметный характер, а три других – люди, разделяющие те же взгляды на жизнь, того же поколения и той же профессии, – относятся к абстрактно-символическим типам идентификаций.

Третью группу общностей (их назвали от четверти до половины россиян) составили люди той же национальности; того же материального достатка; те, кто «не ждет манны небесной»; люди, близкие по политическим взглядам; проживающие в том же населенном пункте; а также те, кто не утратил веры в будущее (общности здесь перечислены в порядке убывания значимости).

В последнюю группу вошли относительно малораспространенные самоидентификации (выбранные менее чем четвертью россиян) – те, кто не интересуется политикой; кто «не любит высовываться»; кто уверен, что главное в жизни – «как повезет»; «советский народ»; граждане СНГ;[1] все люди на планете.

О чем свидетельствуют эти данные? Прежде всего о большой роли абстрактных, символических общностей в жизни россиян. Если ведущее место таких, наиболее близких людям реальных общностей, как семья, друзья, товарищи по работе, вполне можно было предсказать, то чувство общности половины россиян с довольно абстрактными социальными образованиями типа «люди с теми же взглядами на жизнь», «люди своего поколения», «той же профессии» выглядит весьма неожиданно. Для большинства очень важны общности, отражающие духовную близость людей: люди тех же взглядов или религиозных убеждений, той же профессии и рода деятельности, той же национальности.

«НГ»

Вопросы:

1. Почему россияне долгое время считали себя прежде всего частью державы, «народа»?
2. С какими группами – общностями – отождествляют себя три четверти россиян сегодня?
3. Почему это происходит?
4. С какими общностями испытывает чувство близости половина россиян?
5. Какие еще общности здесь перечислены и в каком порядке?
6. Что, по мнению автора, здесь можно было предсказать, и что оказалось неожиданным?

1.2 РОССИЯНЕ

1.2.1 Русский национальный характер

О натуре и характере русских (россиян)[2] всегда существовало немало различных мифов как в самой России, так и за ее пределами. И вполне объяснимо, почему эти мифы стали вновь множиться в период трансформации российского общества, когда в число главных жизненных установок[3] стали входить такие из них, как «выжить», «преуспеть» и т.п. Насколько же сильно новая жизнь наложила отпечаток на качества русских? Как их оценивают не эксперты, а они сами?

Для того чтобы выяснить это, респондентам было предложено оценить по пятибалльной шкале перечень приводимых качеств на предмет их большей или меньшей характерности для русских людей в настоящее время.

Более высокими баллами оказались «награждены» главным образом положительные качества русских и в значительно меньшей степени – качества отрицательные. Если попытаться на основе этих данных в обобщенной форме дать портрет русских по их же собственным оценкам, то он получится следующим. Русские – это душевные и приветливые, щедрые, доверчивые и смелые люди. Для них характерны жизнерадостность и скромность, честность и религиозность. Они почти в равной степени активны и инертны, ленивы и трудолюбивы, преклоняются перед авторитетом и уверены в себе, вспыльчивы и уравновешенны. Вместе с тем им присущи недисциплинированность, непунктуальность и неаккуратность.

Нетрудно представить, что полученный «социологический образ» современных русских практически не отличается от образа, данного в сказках и преданиях, в классической русской литературе, да и от образа «русских», закрепившегося в массовых (в том числе и у других народов) представлениях. Выходит, как ни сложны и трагичны оказались для русских 90-е годы двадцатого столетия, но, как и раньше в периоды социальных тягот, они демонстрируют устойчивость многих черт своего национального характера.

Вопросы:

1. Что произошло с мифами о характере русских в период трансформации российского общества?
2. Какие новые жизненные установки появились?
3. Что хотели выяснить исследователи?
4. Кто давал оценку характера русских в данном исследовании?
5. Какой получился портрет русских по их оценкам?
6. Был ли полученный образ неожиданным?
7. Как отразились сложные условия 90-х годов двадцатого столетия на национальном характере русских?

1.2.2 Русский национализм

Под воздействием фундаментальных процессов последнего десятилетия в поведении русских стали обозначаться и мало свойственные для них ранее черты. Так, в советское время русские почти не придавали значения национальной (этнической) идентичности. Однако в ходе распада бывшего советского государства им напомнили, что они русские, причем во многих случаях, например в некоторых прибалтийских государствах, достаточно грубо.[4] Это дало сильный импульс к созданию объективной основы для русского национализма как общественного и политического движения.

Процесс кристаллизации русского национализма идет пока медленно. Тем не менее образ Российского государства в массовом сознании несет на себе значительную этнонациональную и этнокультурную нагрузку. В ситуациях, связанных с государством (государственностью), «российское» неявно сливается с «русским», и наоборот – «русское» мыслится как синоним «российского». Большинство русских при этом не ищет для себя никаких преимуществ, но отказаться от ответственности за государство, даже разделить ее на равных с другими народами, они не готовы. Поэтому в их понимании «все народы равны, но... президентом пусть будет все-таки русский».

Анализ данных исследования позволяет сделать вывод, что большинство русских сохраняют традиционную модель благожелательного этнического взаимодействия. Национальная консолидация (интенсивность которой не слишком высока) в настоящее время в их среде ориентирована скорее на самопознание, чем на этническую самоорганизацию как таковую. Однако в случае обострения межнациональных конфликтов, усиления экспансии каких-либо этнических групп (в том числе экспансии экономической) или внешнего давления на Россию, нельзя исключить переориентации этого процесса и выхода на первый план именно этнического фактора как способа самозащиты со всеми вытекающими отсюда политическими последствиями.

<u>Вопросы:</u>

1. Придавали ли русские значение своей этнической идентичности в советское время?
2. Кто им напомнил, что они русские?
3. Какие были последствия этого?
4. Какие два понятия сливаются в массовом сознании в ситуациях, связанных с государством?
5. Какие примеры их отношения к своему государству приводятся?
6. На что ориентирована национальная консолидация русских в настоящее время?
7. Что может привести к переориентации этого процесса?
8. Чем может тогда стать этнический фактор?

1.2.3 Россия и «остальной мир»

Расширение «человеческих» контактов россиян с «остальным миром», интенсивно осуществлявшееся в последние годы, способствовало тому, что сопоставление России с другими странами и народами было осмыслено не только экспертами, но и массовым сознанием. Характерная для «демократической волны» конца 80-х – начала 90-х годов идея «растворения» российской специфики в общечеловеческой цивилизации сменилась к настоящему времени более ясным пониманием фундаментальности этой специфики.

Идею превращения России в «обычную цивилизованную страну» разделяют ныне лишь 15% россиян. Большинство же населения считает, что импортные и, в частности, западные ценности для России не подходят, как и зарубежные рецепты выведения страны из острого социально-экономического кризиса.

В целом «средний» россиянин выглядит очень озадаченным. Привычные для него ценности и стереотипы рухнули, оставив в его сознании вакуум. Поэтому основная масса россиян подсознательно стремится «прийти в себя» и «оглядеться», прежде чем идти куда-то дальше и принимать решения. Этому состоянию «витязя на распутье»[5] соответствует некая особая тональность ответов россиян на многие вопросы анкеты. Тональность эту можно выразить примерно следующей фразой: «Вы уж там сами по себе, а мы здесь сами по себе». Речь идет о явно формирующемся у россиян чувстве самодостаточности, стремлении обрести себя в своем собственном российском доме.

Симптомом этого процесса является динамика отношения россиян к различным интеграционным процессам в постсоветском пространстве. В самой младшей возрастной группе установка на самостоятельность России преобладает. Такая своеобразная форма изоляционизма может парадоксальным образом уживаться с расширением горизонтов в смысле бизнеса, возможностей работы и туризма.

Трудно сказать, насколько данная тенденция устойчива и долговременна. Но если это действительно так, то можно будет говорить о серьезной перестройке «диалоговой» парадигмы русской культуры «петровского типа»,[6] которая на протяжении более чем трех столетий активно впитывала и перерабатывала внутри себя ценности других культур. Не исключено, что превращение России в «открытую» систему в экономическом смысле будет уравновешиваться нарастанием ее культурно-психологической «закрытости» и самодостаточности.

«НГ»

Вопросы:

1. Какое сопоставление произошло в массовом сознании россиян в результате контактов с «остальным миром»?
2. Какая идея была характерна для «демократической волны» конца 80-х – начала 90-х годов?
3. Чем эта идея сменилась?
4. Как относится к «импортным» ценностям большинство населения?
5. Почему среднего россиянина можно сравнить с «витязем на распутье»?
6. Какая особая тональность чувствуется в ответах на вопросы анкеты исследования?
7. Какое чувство формируется у россиян?
8. Чем парадоксален изоляционизм самой младшей возрастной группы исследуемых?
9. Что было характерно для русской культуры «петровского типа»?
10. В какую систему превращается Россия в экономическом смысле и как это может отразиться на ее культуре?

Notes

1 СНГ – Содружество независимых государств – Commonwealth of Independent States, a loose association of some of the former constituent republics of the Soviet Union set up in December 1991.
2 русский – ethnic Russian; россиянин – inhabitant of Russia, who may or may not be an ethnic Russian; cf. also русский – Russian (ethnic–cultural), and российский – Russian (administrative–territorial)
3 жизненные установки – outlook on life
4 Reference to legislation which made it very difficult for ethnic Russians to obtain citizenship of the Baltic States, especially Latvia and Estonia.
5 «витязь на распутье» – vityaz' (hero of folk epics) at the crossroads, a popular image, originating from the famous painting by V.M. Vasnetsov (1848-1926)
6 петровский – Petrine, of the time of Tsar Peter I, the Great (1672-1725)

Chapter 2

ПОЛИТИЧЕСКАЯ КУЛЬТУРА

2.1 О ДЕМОКРАТИИ

Отвечая на вопрос, «какая идея могла бы сейчас объединить народ, российское общество», лишь 5,0% респондентов называют «идею коммунизма», 8,3% – «идею социализма» (практически без изменений с 1994 года). В сумме это 13% идейных сторонников социализма и коммунизма. Идея «возрождения России как мощного государства, великой державы», весьма популярная в начале 90-х годов, сейчас утратила былую привлекательность; в мае этого года ее назвали 35,3% по сравнению с 52,3%. Также снизилась популярность идеи «русской национальной само-бытности»[1] – с 9,3 до 4,4%; религиозной идеи – с 4,9 до 2,5%. Не повезло и демократии как объединяющей идее – ее назвали лишь 5,6%.

В этом, собственно, и состоит одна из основных проблем российского общества «переходного периода». У народа сложились ложные представления о демократии и неоправданно завышенные ожидания от ее установления. И когда эти ожидания не были удовлетворены, сама идея превратилась в символ обмана народа, а «так называемые демократы» – в синоним коррумпированных и бездарных чиновников, захвативших власть.

Массовые представления о том, что такое демократия, выглядят сейчас следующим образом: «уверенность в завтрашнем дне» – 37,9%; «хорошо жить материально» – 30,8%; «соблюдение прав человека, уважение к личности» – 24,3%; «жить в мире и согласии» – 23,1%; «государство, где правит народ, где ему живется хорошо» – 20,5%; «равенство всех граждан» – 11,0%; «независимое, правовое государство» – 9,0%; «чтобы было как раньше, до перестройки» – 7,8%; «отсутствие коррупции» – 7,0%; «свобода граждан» – 6,5%; «возможность участвовать в свободных выборах» – 8%.

Как показывают многочисленные данные, в том числе и результаты настоящего исследования, «уверенности в завтрашнем дне» у подавляющего большинства населения нет, 73% не удовлетворены тем, как государство защищает личные права и свободы граждан. По сообщению большинства, в материальном отношении им «живется плохо». И социальное неравенство, в том числе в доходах, стало в России сильнее, чем в большинстве стран Запада. Это из списка ожиданий, которые демократические реформы не оправдали.

Отдельно следует сказать о правовом государстве. В этой области, по представлениям населения, «демократия» нанесла наибольший вред. Разгул преступности, которая сейчас называется населением проблемой № 1, всеобщая коррумпи-рованность чиновников, привели не только к девальвации демократических ценностей, но фактически создали в России новую массовую криминальную культуру.

Независимо от того, как люди оценивают относительную важность различных сторон демократии и степень своих ожиданий от демократических реформ, на данный момент лишь 14% считают, что Россия является демократическим госу-дарством, 54% считают ее недемократическим государством и 32% затрудняются дать определение.

Из всех аспектов демократии свободные выборы оцени-ваются населением как наименее важные – лишь 3,8% назвали «возможность участвовать в свободных выборах» в качестве существенной черты «жизни в демократическом государстве». Объясняется это прежде всего неудовлетворенностью «возмож-ностью воздействовать на власть в России» – её высказывают 70% населения. И 60% людей не думают, что «путем участия в выборах могут реально влиять на дела в стране», только 23% считают, что могут влиять.

«НГ»

<u>Вопросы:</u>

1. Какие идеи, могущие объединить народ, были включены в опрос?
2. Сколько респондентов поддержали демократию?
3. Почему эта идея превратилась в символ обмана народа?
4. Как люди представляют себе, что такое демократия?
5. Что стало «проблемой № 1» для населения?
6. К чему это привело?
7. Как оцениваются свободные выборы?
8. В чем заключается причина такой оценки?

2.2 «СИЛЬНАЯ РУКА»

Ситуация в сфере массовых настроений весьма сложная и многомерная.

У большинства населения доминирующее чувство по отношению к власти – равнодушие. Одна из причин этого в том, что до 70% населения России считают существующую власть слишком слабой в том смысле, что она не обладает политической волей для наведения порядка в стране. Неверие в эффективность власти проявляется в довольно спокойном отношении к идее авторитарного правления в стране. 29% считают, что «нашему народу постоянно нужна «сильная рука», сильный и властный руководитель; 24% полагают, что «бывают такие ситуации, например сейчас, когда нужно сосредоточивать всю полноту власти в одних руках», а 33% считают, что «ни в коем случае нельзя допустить, чтобы вся власть была отдана в руки одного человека». 15% затруднились ответить.

Вместе с тем тяга к «сильной руке» носит специфический характер. Общество не устраивает патриархально-советская модель, когда государство ограничивает инициативу, вмешивается в частную жизнь. Общество дорожит теми завоеваниями свободы, которых удалось добиться, несмотря на значительные экономические и социальные проблемы последнего десятилетия. Среди этих важнейших завоеваний –

свобода поездок за границу, свобода предпринимательства, свобода слова и печати, выборность органов власти.

Симпатии общественного мнения к идее «сильной руки» далеки от реальной политической практики. Введение правления «сильной руки», утверждение авторитарных тенденций в политике, как правило, связано с режимом жестких ограничений, в том числе и на уровне личного потребления. Но те группы населения, которые симпатизируют идее «сильной руки», большей частью полагают, что власть, способная проводить такую политику, должна наводить порядок где-то наверху, не затрагивая при этом основ повседневной жизни обычных граждан. Наиболее распространенный бытовой стереотип такого поведения – отношение к уплате налогов: «пусть их платят те, кто много зарабатывает».

Следовательно, общественное мнение за такое сочетание демократии и авторитаризма, которое обеспечивает, с одной стороны, сильное государство, а с другой – сохранение демократического «фасада» и невмешательство государства в частную жизнь граждан.

«НГ»

Вопросы:

1. Какое отношение к власти доминирует в сфере массовых настроений?
2. Почему это происходит?
3. Сколько опрошенных считает, что России нужна «сильная рука», и сколько не согласны с этим?
4. Почему советская модель авторитаризма не устраивает общество?
5. Чем дорожит общество?
6. С чем связано наведение порядка на практике?
7. Как сторонники «сильной руки» представляют наведение порядка?
8. Какое сочетание политических систем устраивает общественное мнение в России?

2.3 ИМИДЖ ПОЛИТИКА

Не самое легкое дело – быть в большой политике. Нужно постоянно быть в форме, следить за собой, не расслабляться. Каков же имидж тех, кто задействован в большой политике? Наш собеседник – проректор Всероссийского института печати и массовой информации И. Дзядошинский.

– Иосиф Михайлович, известными политиками становятся благодаря судьбе и поддержке определенными слоями населения конкретной программы? Или же все дело в личном обаянии, умении завлечь?

– Одно неотделимо от другого. В рамках российской культуры сложилось три представления о типе идеального человека. Первый тип – рыцарь, защитник. Защищает он не столько себя, сколько некую группу людей, а также свою Отчизну и даму. И во имя этого готов жизнь положить. Рыцарь без борьбы жить не может. Атрибуты рыцаря – меч, драка, мощный разворот плеч. У него лишь один недостаток: он не умеет и не любит спокойно работать, и требовать от него это – нелепо. Ельцин был избран потому, что он полностью отвечал народному видению рыцаря. Это борец, это могучий мужик, который, не стращась ничего, может резать правду–мать.[2]

Второй идеал человека, который на Руси был очень развит, – святой, аскет, страдалец за кого-то. Его жизненная цель – нести людям мудрость и праведность. Если бы в определенной жизненной ситуации академик Сахаров[3] выдвинул свою кандидатуру на пост президента, он был бы избран.

И, наконец, третий идеал – это деловой человек. В духовной жизни России так и не сложился положительный образ купца, предпринимателя. По-своему деловой лишь Иванушка-дурачок,[4] который, как правило, хитро, не трудясь, сразу же достигает всего.

– Слушаю вас и думаю: Жириновский явно не делец. Но кто же тогда – рыцарь или святой?

– У него особенный имидж, который тоже отвечает глубинным потребностям народа. Ведь на Руси люди издревле делились по социальному положению на три категории: господа, холопы и юродивые.[5] В любой русской деревне всегда есть свой дурачок. Дело не в том, что он дурачок, а в том, что на эту роль обязательно кто-то попадает. Он может быть действительно психически не совсем полноценным, а может – и совсем нормальным. Но его делает дурачком деревня, он ей нужен. Он говорит, как правило, то, что думает, или то, что хотят слышать другие.

В массовом сознании россиян сейчас происходит довольно болезненная ломка в отношении восприятия лидеров. До последнего времени почти все те, кого выбирали, были чем-то похожи: люди, готовые надеть доспехи. Но пройдет еще немного – и начнут выбирать тех, кто доказал, что может делать дело.

– А «светит» ли[6] нашим военным, какому-нибудь генералу, президентство?

– Из тех генералов, кто мог бы быстро попасть на политическую сцену, я вижу двоих – Лебедь[7] и Громов.[8] Эти люди обладают обаянием мужественности и в то же время деловой спокойной уверенностью, которая вызывает симпатию на уровне массового избирателя. Они как раз те рыцари, которые могут управлять. Следовательно – деловые люди.

– Может ли у нас женщина добиться каких-то высоких постов?

– Безусловно. Если ее назначат. У нас масса умнейших женщин, и женщина, пожалуй, может победить на выборах в местные органы. Я с большим трудом представляю себе, чтобы женщина одержала победу на выборах федерального уровня. Опять же не потому, что мы плохо относимся к женщинам, а просто в силу традиционного разделения ролей. Так заведено: мужчина должен руководить, женщина – содержать в покое домашнее гнездо. Поэтому, я думаю, России пока не грозит, что ее президентом станет женщина.

«АиФ»

Вопросы:

1. Какой тип политика, по мнению Дзядошинского, представляет Борис Ельцин? Владимир Жириновский?

2. Как меняются представления об идеальном политике в массовом сознании россиян?
3. Чем могут быть привлекательны военные?
4. Как Дзядошинский развивает свою мысль о том, что женщина не может стать президентом России?

2.4 ПРЕЗИДЕНТ УСТАЛ
Так считает экс-вице-премьер России Борис Немцов [9]

– Завершается эра Ельцина. Какой приговор, на ваш взгляд, вынесет ему история?

– Существуют два Ельцина. Один – Ельцин-бунтарь и могильщик коммунизма. К сожалению, это Ельцин прошлого. Второй Ельцин – это больной, очень усталый, одинокий человек. В силу понятных обстоятельств он не способен сейчас управлять Россией. Страной управляет его двор. Двор – это широкий круг близких ему людей, зачастую не имеющих отношения к официальной власти. Второй Ельцин в большей степени напоминает позднего Брежнева, чем самого себя начала 90-х годов. Кстати, второй Ельцин появился не после выборов 1996 года, а в конце 94-го, когда он решился на авантюру с войной в Чечне. Ельцин номер один мне очень симпатичен, я с ним активно работал. Что касается Ельцина номер два, то было бы большой натяжкой сказать, что такой президент нужен России.

– Чем можно объяснить внутреннюю трансформацию этого человека? Неужели только болезнями?

– Он просто устал. Столько лет быть во власти в стране, избавляющейся от коммунизма... Как-то я с ним встретился в прошлом году, и он мне говорит: «Знаешь, устал вас поддерживать». Это было так искренне и непосредственно... В принципе, он свое дело сделал до 1994 года. И если бы не необходимость выбора между Зюгановым и Ельциным в 96-м, можно было бы избрать другого президента.

– Что мешало Ельцину оставаться гарантом российских реформ?

– Когда я был в Чили, то встретился не с Пиночетом, а с «чикагскими мальчиками», которые с ним работали, молодыми чилийскими реформаторами. Они мне сказали тогда: «Конечно, Пиночет – диктатор, на его совести тысячи пропавших без вести людей. Но, знаешь, за что мы всегда будем его уважать? За то, что он никогда нас не сдавал. Нас все ненавидели, ругали, писали на нас доносы, говорили, что мы все неправильно делали. Однако Пиночет все это отметал». Поэтому Чили сейчас процветающая страна. Там самый низкий уровень коррупции, самый высокий уровень жизни, самый высокий годовой экономический рост в Латинской Америке... Так вот, Ельцин сдавал всех и всегда. Президент уволил пять премьер-министров, 45 вице-премьеров и 160 министров.[10] То, что произошло с ним самим, – это его вина. То, что произошло со страной, в том числе и неудача реформ, – это тоже его вина. Его абсолютным приоритетом всегда была не идея, а власть. Ради ее сохранения он был готов на очень многое.

«МН»

Вопросы:

1. Что говорит Борис Немцов о Ельцине прошлого?
2. Что такое «двор» Ельцина?
3. Кого Немцову напоминает «второй» Ельцин?
4. Когда появился этот «второй» Ельцин?
5. В какой связи Немцов упоминает лидера коммунистов Геннадия Зюганова?
6. С каким другим политиком Немцов сравнивает Ельцина?
7. В чью пользу это сравнение?
8. В чем, по мнению Немцова, вина Ельцина?

2.5 БИЗНЕС И ПОЛИТИКА
Ирина Хакамада [11]

– И о бизнесе, и о политической деятельности рассказывают много всяких ужасов, вы приобщились и к тому, и к другому, какая деятельность, по-вашему, грязнее?

– Политика – самое грязное дело. Дело в том, что в бизнесе грязь входит в правила игры. Когда вы начинаете работать на рынке, вы заранее знаете, на каких условиях ваш партнер будет работать с вами, а на каких он вас, грубо говоря, кинет.[12] Есть несколько принципов. *Не хочешь, чтобы тебя кинул партнер, делись.* Кто этого не делает, потом оказывается в бегах. Принцип второй: *признавай силу.* Если ты еще слаб по сравнению с существующей «крышей»,[13] лучше заплати. Когда не существует судебной защиты, то приходится опираться на посреднические группы. Всем известно, что именно с помощью бандитов достаются деньги из партнера, не заплатившего по долгам. В альтернативу не работающей судебной системе возникает действенная частная система «разборок», «чисток», «терок»[14] и т.д. Так будет до тех пор, пока государственная система не станет более эффективной. В общем, правила игры достаточно ясные, дальше все зависит от вашего чутья и интуиции. Если при этих правилах вы нашли точку роста, придумали, как можно заработать деньги, то вы лучший.

В политике главный закон выживания основывается отнюдь не на индивидуализме. За многими политиками стоит некий клан, которому они служат, такие деятели могут позволить себе быть индивидуальными, даже экстравагантными, но все их поведение легко просчитывается.[15] Главный закон в исполнительной власти – отсутствие каких бы то ни было идей. Как только вы предложите некие новые идеи, вы нарушите все законы субординации. Чиновником, который хочет просуществовать во власти долго, движет мотив вовсе не спасения России, а сохранения своего кресла. В результате политика становится сферой аккумулирования высоких мастеров политической интриги и людей, ни в коем случае не делающих ничего нового, максимально консервирующих систему. В отличие от рынка власть у нас крайне непрозрачна и переполнена людьми с «серым» мышлением. В такой ситуации грязи, конечно, больше.

«НГ»

Вопросы:

1. Что должен знать человек, который занимается бизнесом?
2. Что гласит первый принцип, цитируемый Ириной Хакамадой?
3. Что значит на практике «признавать силу»?
4. До какой поры это будет существовать?
5. Кто может преуспеть при этих правилах?
6. На чем основывается главный закон выживания в политике?
7. Почему в исполнительной власти отсутствуют новые идеи?
8. Что получается в результате?
9. Какая сфера менее прозрачна – политика или рынок?
10. К чему это приводит?

2.6 ОЛИГАРХИ
Борис Федоров [16]

– Согласны ли вы с утверждением, что после 96-го года именно олигархи стали руководящей и направляющей силой российского общества?

– Только отчасти. Они действительно помогли Борису Ельцину победить на выборах, и тот должен был с ними за это расплатиться. Что и произошло. Кто-то получил должность, кто-то – Агробанк, кто-то – Связьинвест... Но роль этой группы все-таки сильно преувеличена. Сказать, что олигархи согласованно управляли страной, нельзя. Заметьте, что после президентских выборов им не удалось реализовать ни одного общего проекта. Что ни попытка, то неудача...

– В чем же причина политических неудач молодых и не очень молодых российских капиталистов?

– Нацеленность исключительно на собственный материальный интерес остается главным мотивом в действиях большинства из тех, кого называют олигархами.

– Какие рычаги влияния на власть использовал и использует крупный бизнес?

– Личные связи прежде всего. Россия ведь до сих пор не та страна, которая живет по законам. И сознание наших олигархов соответствует эпохе первоначального накопления капитала. Они до сих пор не сумели объединиться на базе общей идеологии, не научились действовать в политике цивилизованными методами. И с властью выстраивают отношения соответственно. Существует, скажем, целая когорта государственных чиновников, у которых вошло в привычку отдыхать вместе с известными бизнесменами. Не то, чтобы пойти в дорогой ресторан за чужой счет, это мелочи. Госслужащих регулярно на частном самолете вывозят в какие-нибудь Альпы. Там тоже, разумеется, не оставляют без заботы и внимания, выясняют, кто на что слаб... У бедного чиновника с зарплатой в 150 долларов крыша едет...[17]

– Все так элементарно?

– Насколько я знаю... Хотя не по собственному опыту. Я человек состоятельный, и меня никто не пытался покупать таким образом. Но подобные «дружеские» связи прослеживаются везде – от прокуратуры до аппарата правительства. Все это трудно проверить, но в «олигархическом» кругу принято говорить о том, у кого сколько своих людей в прокуратуре, в суде, в администрации. В банках, крупных компаниях есть подразделения со своими – и не маленькими – бюджетами, занимающиеся, как принято говорить, лоббированием. Там работают люди, которые должны пройти сквозь стену, но добиться определенного результата. Как именно они его добьются, это мало кого интересует.

– Значит, говорить о неких общих идеях, которые могли бы объединить новых русских капиталистов, по-вашему, бессмысленно?

– Такие идеи есть, но олигархи не сознают этого.

– Вы сказали, что теоретически база для объединения, тем не менее, есть. Какая именно?

– Если ты что-то имеешь, надо сделать так, чтобы у тебя это «что-то» не отняли. Как минимум. Если ты, человек, владеющий собственностью, не желаешь замечать, что в обществе идут разрушительные процессы, то рано или поздно к тебе придут с ордером на арест. Что и происходит сегодня.[18] Пора понять, что эпоха первоначального капитала прошла. Делить уже нечего. Надо преумножать то, что есть. Для этого нужна цивилизованная страна. Нецивилизованная для олигархов разорительна.

«МН»

Вопросы:

1. Как «олигархи» заслужили благодарность Ельцина?
2. В чем, по мнению Бориса Федорова, причина политических неудач «олигархов»?
3. Как они оказывают влияние на власть?
4. Какую форму принимают «дружеские связи», о которых говорит Федоров?
5. А как это называется в банках и в крупных компаниях?
6. Что, по мнению Федорова, может объединить «олигархов»?

2.7 ПОЛИТИЧЕСКАЯ СТАБИЛЬНОСТЬ
Борис Березовский [19]

— Скажите, вы считаете нынешний этап своей жизни неудачным?

— У меня есть главная цель в жизни. Я всегда цитирую Сахарова. «В чем смысл жизни?» — задавался вопросом он. Смысл жизни, говорил Сахаров, в экспансии. Это на самом деле очень сложное и конструктивное определение смысла жизни. И одним из элементов экспансии является удовольствие. Почему? А потому, что экспансия доставляет удовольствие. Мне дико повезло в этом смысле, я всю жизнь наслаждаюсь. Я получал удовольствие, когда занимался наукой. Когда занимался бизнесом, когда занимался политикой. И случившееся[20] я, конечно, ни в коей мере не рассматриваю как поражение.

— Следовательно, вы будете продолжать это дело?

— Безусловно. Именно поэтому я и считаю, что пока уровень политической стабильности будет определяющим в

28

бизнесе, я буду заниматься только этим. Я, естественно, не собираюсь уходить из политики.

– Какие же модели выхода из ситуации вы видите в России?

– Прежнее поколение не было ответственно за себя. Они эту ответственность переложили на государство. Государство нас защитит, государство нам даст кусок хлеба, государство нам даст работу, государство нам даст бутылку водки, государство позаботится о наших детях в детском саду и т.д. Это общество безответственных людей. Совершенно иное сейчас. Появилась огромная масса людей, которые надеются только на себя. Другое дело, что это другая крайность. Но Россия – такая уж страна крайностей. И после системы полной безответственности, во времена абстрактного государства, которое должно было заботиться о людях, мы вдруг оказались в совершенно другой системе, когда вообще никакой заботы о людях государство не проявляет. И каждый вынужден пробиваться самостоятельно. Это, конечно, ужасно, это трагедия. Но именно эта трагедия заставила многих людей принципиально изменить образ жизни и научиться отвечать за себя, за свои силы. И это основа новой психологии. Психологии, как оказалось, более прогрессивной, чем иная. И конечно же, это психология свободного человека. Потому и считаю, что ситуация в России тяжелая, но не безнадежная.

– Вы намерены серьезно влиять и на будущие выборы? Говоря «серьезно», я, скажем, имел в виду не только ваши интеллектуальные усилия – политические рычаги, но и материальные затраты.

– Я считаю самыми выгодными вложениями сегодня в России – вложения в политику. Это укрепляет политическую стабильность. То есть, если я буду вкладывать в технологии, это почти ничего не даст по сравнению с тем, что я буду вкладывать в политическую стабильность. Это практически то, чем я занимался все время. Поэтому все те ресурсы, которые у меня есть, я буду вкладывать в то, чтобы в России наступила политическая стабильность.

«МН»

<u>Вопросы:</u>

1. В чем Борис Березовский видит смысл жизни?
2. Почему он считает, что ему «дико повезло»?
3. Каким было общество советского периода?
4. Как оно изменилось?
5. Что это изменение заставило людей делать?
6. Почему Березовский считает, что ситуация в России не безнадежная?
7. О каком способе влиять на выборы он говорит?
8. Какая в этом выгода для Бориса Березовского?

2.8 НА РУБЕЖЕ 1999 – 2000 гг.

В российском массовом сознании можно выделить четыре крупных фрагмента, резко различающихся по идейным ориентациям, но более или менее соизмеримых по объему.

Коллективное сознание «центристов» (это примерно 25% наших сограждан) концентрируется вокруг идей стабильности и сохранения существующего порядка вещей, поддержки той власти, какая есть («лишь бы не стало хуже»). При этом здесь усиливается тяга к государственному патернализму, к своего рода «регулируемой рыночной экономике».

Сознание «левых» (около 35% россиян), не претерпевшее серьезных изменений за последние годы, неизменно устремлено к идеалам светлого прошлого.[21] Наиболее адекватно это отображено в предвыборных документах КПРФ образца 1995 г., где фактически сформулирована программа коммунистического реванша в политике и экономике. Лейтмотив «возврата к СССР» присутствует и в массе публикаций и материалов конкретно-пропагандистского характера, подготовленных «левыми» к избирательной кампании 1996 г. и позднее, хотя официальные программные постулаты компартии, начиная с той кампании, подаются достаточно завуалированно (по соображениям практической политики).

«Демократы», ориентированные на ценностную систему демократического общества с рыночной экономикой, составляют сравнительно небольшую часть населения (20%), хотя в последние годы именно этот сектор массового сознания нередко выполнял авангардную роль в развитии страны.

«Правопатриотический» массив общественного сознания (сейчас – около 20% россиян) по генезису связан с «левыми» – до конца 1993 г. это была единая «непримиримая оппозиция», затем, однако, произошло полное размежевание на идейном и организационном уровне. Доминирующая политическая идея «патриотов» – сильное государство. Им прежде всего «за державу обидно». В отношении экономики «патриоты» достаточно амбивалентны, в их программах и иных документах этатистские[22] и либеральные постулаты соседствуют.

Разнонаправленность целей в перечисленных массивах столь велика, что объединение всего общества вокруг системы общенациональных целей и задач представляется невозможным – ведь нельзя интегрировать взаимно несовместимые представления: «Все должно быть приватизировано» и «Награбленное приватизации должно быть возвращено народу», «Реформы Гайдара[23] были необходимы» и «Реформы Гайдара были преступны», «Президент – гарант демократии» и «Пост президента должен быть ликвидирован», «Территориальная целостность России должна сохраняться» и «Пусть японцы забирают Курилы,[24] пусть Чечня уходит или даже весь Кавказ, нам все это не нужно». В отношении каждой из этих (и многих подобных) антиномий голоса «за» и «против», как свидетельствуют данные многочисленных опросов, практически уравновешиваются.

«НГ»

Вопросы:

1. Сколько фрагментов можно выделить в российском массовом сознании?
2. Какие идеи свойственны «центристам»?
3. Сколько процентов россиян поддерживают «левых»?
4. К каким идеалам стремятся «левые»?

5. На какую систему ценностей ориентированы «демократы»?
6. Какую часть населения они составляют?
7. Сколько россиян поддерживают «правопатриотические» идеи?
8. Какая идея доминирует у них в области политики?
9. Как автор характеризует их экономические идеи?
10. Почему автор считает невозможной идею объединения общества вокруг общенациональных целей?
11. В отношении каких идей голоса «за» и «против» практически уравновешиваются?

2.9 ГОСУДАРСТВЕННАЯ ИДЕОЛОГИЯ

2.9.1 Роль общенациональной идеологии

Сама постановка проблемы – «государственная идеология в современной России» – наверняка вызовет недоумение и критику. В самом деле: разве наше государство не деидеологизировано? разве в российской Конституции не наложен запрет на государственную идеологию? разве не для того мы защищали «августовские баррикады»,[25] чтобы навсегда избавиться от идеологического диктата?

Ответ на вопрос, почему у нас идеология непременно должна быть государственным делом (а не общественной прерогативой, как на Западе), очевиден: наше гражданское общество лишь формируется, а значит, что ожидать, что национальная идея «прорастет» снизу, не приходится; в стране не сложились ответственные политические и социальные субъекты, мыслящие общенациональными, а не партикулярными категориями, – и за их отсутствием[26] единственным упованием России остается государство – пусть слабое, неэффективное и деморализованное, но, как свидетельствует многовековой отечественный исторический опыт, лишь оно способно к мобилизации народных усилий и введению их в русло общенациональных задач. С другой стороны, выйти из системного кризиса без соответствующего идеологического обеспечения, без «новой» или «старой» мифологии – как подтверждает мировая практика – попросту невозможно.

Прежде чем пунктирно наметить контуры государственной идеологии, необходимо иметь в виду, что российское политическое поле отличается фрагментированностью, а потому ни одна из «блуждающих» в нем идеологем (либерализм, социализм, национализм), взятая наособицу,[27] не может претендовать на роль общенациональной идеологии.

Еще более важным представляется то, что за идейно-политической дифференциацией стоят принципиальные социокультурные и возрастные различия, а также различия в способности адаптации к жизни в новых условиях. То есть раскол общества носит более глубинный характер и проходит не только и не столько на уровне политики, сколько в сфере смысложизненных[28] ценностей. Но именно это обстоятельство и делает крайне насущной выработку общенациональной идеологии, которая способна сплотить страну поверх социокультурных и демографических различий, пробудив у ее граждан чувство общности своей судьбы и ответственности за Россию.

Вопросы:

1. Почему сама постановка проблемы «государственная идеология» является спорной в постсоветской России?
2. Почему, по мнению автора, в России, в отличие от Запада, национальная идея не может быть выработана обществом?
3. Кто это должен сделать?
4. Какие три идеологии «блуждают» в российском политическом поле?
5. Какие различия стоят за этой дифференциацией?
6. На каком уровне проходит раскол общества?
7. Что способна сделать общенациональная идеология?

2.9.2 Идеологическая инженерия

К созданию идеологии надо относиться не как к философской и теоретико-методологической проблеме, а как к технологической задаче. Иными словами, речь должна идти об идеологической инженерии, то есть о том, чтобы сконструировать идеологию из элементов тех идеологических систем, которые бытуют в российском обществе и пользуются в нем ощутимой поддержкой.

Важно лишь, чтобы «кирпичики» – основные идеи и положения идеологического конструкта – соответствовали русскому социокультурному коду, были укоренены в отечественном социуме и не вызывали реакции отторжения с его стороны. В этом смысле обнадеживающим выглядит то обстоятельство, что в российском обществе наметилось несколько позиций, разделяемых его большинством вне зависимости от идейных ориентаций.

Прежде всего это отрицательная оценка сегодняшней российской действительности и положительное восприятие брежневского периода [29] в жизни страны, причем в обоих этих пунктах сходятся даже такие антагонисты, как либералы и коммунисты. Однако эта ностальгия не означает желания вернуться в прошлое.

Приоритетной для общества в целом стала сфера частной жизни; этот усиливающийся индивидуализм, разумеется, не равнозначен либерализму, однако может стать мостиком к нему, тем более что ряд либеральных и демократических ценностей и институтов стал близок нашим согражданам.

Одновременно все более заметной консолидирующей ценностью становится идея государственности, и хотя представителями разных идейно-политических течений в нее вкладывается достаточно различный смысл, но присутствует и общее понимание: государство активно в экономике и в социальной сфере при одновременном его невмешательстве в частную жизнь и смешанную экономику, соблюдение политических и гражданских свобод.

По-видимому, эти общие позиции могут послужить точками опоры при строительстве новой идеологии.

Ее лейтмотивом должно стать сочетание отечественной традиции, включая дореволюционное и советское прошлое, и новаций демократического настоящего. Естественная доминанта – национально-государственные мотивы, дополненные некоторыми принципами и ценностями либерального характера и существенными элементами левого консерватизма. (Под «левым консерватизмом» понимается социокультурная ориентация части российского общества, тяготеющей к таким институтам и ценностям советской эпохи, как социальный патернализм и разветвленная система социальных гарантий.)

Из арсенала либерализма имеет смысл позаимствовать те ценности, которые уже укрепились на российской почве: принцип политических и экономических свобод, идеи разделения властей, многопартийности, независимой прессы, свободных и конкурентных выборов, правового государства.

Следует оговориться, что новая идеологическая доктрина не может носить мобилизационного характера: нет сильного государства с соответствующими механизмами, но главное – отечественное общество устало, ушло в частную жизнь и, видимо, в ближайшей перспективе не способно к длительному и интенсивному напряжению своих сил.

«НГ»

Вопросы:

1. Из чего автор предлагает конструировать новую идеологию?
2. Чему должны соответствовать ее элементы – «кирпичики»?
3. Что обнадеживает автора?
4. На чем сходятся даже такие антагонисты, как либералы и коммунисты?
5. Какая сфера стала приоритетной для общества в целом?
6. Какую роль может сыграть усиливающийся индивидуализм?
7. Почему автор считает это возможным?
8. Какое понимание государства является общим для всех идейно-политических течений?
9. В какой связи автор говорит об «отечественной традиции»?
10. Что понимается под «левым консерватизмом»?

11. Какие либеральные ценности уже укрепились на российской почве?
12. Почему новая идеология не может носить мобилизационного характера?

2.10 «ОТЕЧЕСТВО» В ПОИСКАХ ВЕРЫ

Движение «Отечество», возглавляемое Юрием Лужковым, проходит стадию становления.[30] Одна из важнейших задач движения на сегодняшний день – расстаться с имиджем «партии Садового кольца»[31] и найти свой электорат в регионах России.[32] Разработкой новой идеологии движения занимается известный политик и предприниматель Александр Владиславлев. Об этом он рассказывает нашему корреспонденту.

– «Отечество» существует примерно полгода. Можно ли сказать, что за это время его идеология уже сформировалась?
– В основном да. Создавая «Отечество», Юрий Лужков и его соратники задумались над закономерностями, историческими путями развития России. Вопрос стоял так: что же произошло со страной, которая миновала стадию демократического развития в начале века и наощупь пытается найти новый путь развития на протяжении последнего десятилетия. В результате идейного поиска и исторического анализа и была сформулирована стержневая мысль, если хотите – сверхзадача «Отечества». Это осуществление демократии по-русски. Демократии, которая может существовать только в сочетании с сильной государственностью, опираясь на силу и политическую волю власти.

Чтобы демократическое устройство в нашей стране стало по-настоящему устойчивым, должна произойти смена поколений – а это займет не один год и даже не одно десятилетие. И на протяжении всего этого исторического отрезка предотвратить новые потрясения может только мощная государственность. Достаточно вспомнить российскую историю: страна всегда чувствовала себя хорошо в условиях сильной власти, слабая же власть – сразу или постепенно – порождала смуту и народные бедствия. Сегодня Россия, на наш взгляд, вновь находится у опасной черты безвластия. И это, пожалуй, страшнее всего.

Говоря об идеологии «Отечества», я хотел бы отметить еще один очень важный, на мой взгляд, ее элемент. Мы решительно выступаем за то, чтобы восстановить связь времен и перестать воевать с собственным прошлым. Без единого ощущения собственной великой истории Россия не сможет двинуться вперед.

– Когда «Отечество» создавалось, было декларировано, что формируется левоцентристское движение. Однако в последнее время этого определения мы почему-то не слышим. В политической ориентации «Отечества» произошли некие изменения?

– Вопрос не в политической ориентации. Всевозможные «измы» не просто поднадоели – на сегодняшний день они полностью себя исчерпали политически и концептуально. Бесспорно, нам близки ценности социал-демократии в их традиционном понимании. Но назвать себя социал-демократическим движением «Отечество» не спешит. Хотя бы потому, что мы живем и действуем на российской почве и не можем не понимать, что в нашей стране понятие «социализм» так или иначе ассоциируется с уравниловкой, казарменными методами установления всеобщего равенства, лозунгами «Грабь награбленное!» и «Бей богатых!». Мы же стремимся к преодолению бедности, а не богатства.

В качестве основных ценностей «Отечества» мы определили свободу, закон и согласие. Здесь, бесспорно, есть проблемы. Россия не имеет реального исторического опыта жизни в условиях свободы, и требуется мощная государственность и стабильная сильная власть, чтобы защищать ростки свободы. Хорошие законы необходимы, но сейчас для России и россиян еще более важно научиться уважать законы и неукоснительно исполнять их. А для того, чтобы сделать развитие России и российской демократии устойчивым и поступательным, требуется национальное согласие. Именно поэтому мы провозгласили «Отечество» партией национального согласия.

– В манифесте «Отечества» несколько неожиданно для многих появился раздел о религиозном возрождении. Означает ли это, что движение будет ориентироваться на верующих людей?

– «Отечество» проповедует свободу совести и будет опираться на всех, кто разделяет наши убеждения. Но в то же время мы понимаем, что религиозные институты могут помочь нашему обществу выйти из духовного кризиса, который остается непременным спутником кризиса экономического, да и создать новый нравственный фундамент для нашей политики, которую, к сожалению, десятки миллионов россиян сегодня считают делом грязным. Нельзя недооценивать ту роль, которую крупнейшие традиционные конфессии – не только православие, но и ислам, и буддизм, и иудаизм – способны сыграть в объединении здоровых сил общества, в разрядке социальной напряженности, в умиротворении России. Вообще же без веры никакое серьезное дело сделано быть не может. «Мы верим в себя и в Россию» – таков девиз «Отечества». И мы верим не только в то, что можем победить на выборах, но и в то, что наш успех обернется успехом для подавляющего большинства россиян.

«АиФ»

<u>Вопросы:</u>

1. Какая задача – одна из важнейших для движения «Отечество»?
2. Чем занимается Александр Владиславлев?
3. Как он понимает «демократию по-русски»?
4. Сколько времени потребуется для того, чтобы демократическое устройство стало устойчивым?
5. Чем опасен этот отрезок времени?
6. Зачем Владиславлев предлагает вспомнить российскую историю?
7. Почему движение не спешит назвать себя социал-демократическим?
8. Какие ценности – основные для «Отечества»?
9. Кто должен «защищать ростки свободы»?
10. Что Владиславлев говорит о законах?
11. Какой помощи движение ожидает от религиозных институтов?

38

12. Какие конфессии должны сыграть важную роль и в чем именно?

Notes:

---

[1] национальная самобытность – national distinctiveness
[2] резать правду-мать – tell the truth without fear or favour
[3] Андрей Сахаров (1921–1989) – eminent physicist, campaigner against Soviet abuses of human rights, a person of high moral authority
[4] Иванушка–дурачок – character in many Russian folk-tales
[5] юродивый – God's fool, possessing the gift of second sight
[6] «светит» ли – is there any prospect
[7] Александр Лебедь – started his political career as a deputy of the Duma in December 1995, ran for president in June 1996, coming in third, elected governor of Krasnoyarsk region in May 1998
[8] Борис Громов – commanded Soviet troops in Afganistan, popular as генерал-афганец
[9] Борис Немцов – deputy prime minister in 1997-98
[10] At the time the interview was published in June 1999, Yeltsin had dismissed the governments of Yegor Gaidar in December 1992, Viktor Chernomyrdin in March 1998, Sergei Kirienko in August 1998, Yevgenii Primakov in May 1999. Primakov's successor Sergei Stepashin was replaced by Vladimir Putin in August 1999.
[11] Ирина Хакамада – economist, active in organising the first биржа – commodity exchange – businesswoman and politician, member of the Duma
[12] кинуть – to dump
[13] «крыша» – protection (racket)
[14] система «разборок», «чисток», «терок» – reference to dealings among gangsters – 'sorting out', 'cleaning up', 'rubbing out'
[15] легко просчитывается – is easy to work out
[16] Борис Федоров – economist, specialist in international finance, held a number of government posts, elected to the Duma in 1993; in the run-up to the 1999 Duma elections he was a prominent figure in the political movement of the Right – «Правое дело» (Right Cause).
[17] крыша едет, крыша поехала – said of someone who loses touch with reality, goes off his trolley
[18] Reference to investigations into the allegedly unlawful activities of a number of Russian businessmen in 1998–99.

¹⁹ Борис Березовский – specialist in electronics and management; businessman with interests ranging from car dealership ЛогоВАЗ to finance, media and other areas

²⁰ The event in question was the dismissal from the post of Executive Secretary of the CIS (Commonwealth of Independent States) in March 1999, a post which he had held since April 1998.

²¹ светлое прошлое – ironic reference to nostalgia for Soviet times when official ideology maintained that the country was moving towards светлое будущее

²² этатистский – statist, an orientation which believes in *dirigisme*, a policy of State direction and control in economic and social matters

²³ Егор Гайдар – prime minister in 1992, initiated price liberalisation and other market economic reforms also known as 'shock therapy'.

²⁴ Southern Kurile islands, disputed territory between the Soviet Union and Japan since 1945.

²⁵ Reference to the defence of the principles of a new, democratic Russia during the August 1991 coup.

²⁶ за отсутствием – for want of

²⁷ взятая наособицу – taken separately

²⁸ смысложизненный – one which defines the meaning, the purpose of an individual's life

²⁹ брежневский период – spanned the years 1964–82 when Leonid Brezhnev was General Secretary of the Communist Party of the Soviet Union

³⁰ «Отечество» – political movement registered in December 1998, created on the initiative of Moscow mayor Yurii Luzhkov.

³¹ Reference to the area in the centre of Moscow within the Garden Ring Road – Садовое кольцо – where most government institutions and business interests are concentrated.

³² In pursuit of this aim «Отечество» subsequently merged with the association of regional governors «Вся Россия» to create a larger entity «Отечество – Вся Россия».

Chapter 3

СЕМЬЯ

3.1 НАСТУПАЕТ ЭРА «СУПРУЖЕСКОГО БРАКА»

Наталья Михайловна Римашевская[1] – академик, директор Института социально-экономических проблем народонаселения РАН.[2] Наша беседа состоялась вскоре после завершения исследования «Качество российских браков в условиях перехода к рыночным отношениям (Окно в русскую жизнь)», которое проводилось институтом совместно с Университетом Цинциннати (США).

3.1.1 Изменения в структуре семьи

– Общеизвестно, что современная российская семья переживает кризис. Каковы, на ваш взгляд, наиболее характерные симптомы?

– Конечно, кризис налицо. Почти половина браков распадается, 60% супружеских пар не предполагают обзаводиться детьми в обозримом будущем. Все это так. Однако институт семьи – быть может, самая консервативная часть общества, и он сумел выработать собственные противодействия кризису.

Безусловно, семья трансформируется. И прежде всего я бы остановилась на таком феномене, как изменение экономической функции семьи. В советскую эпоху было принято считать, что она минимальна, стремится к нулю и все задачи в этой области готово взять на себя государство. Сегодня все иначе. Во-первых, современная семья имеет в собственности жилплощадь. В наши дни редки семьи, в которых совместно проживает несколько поколений. Молодые предпочитают жить своей жизнью. Бабушки все реже помогают воспитывать внуков. Современные пенсионерки, как правило, живут отдельно от детей, вынуждены работать, так что времени на внучат у них практически не остается. Сократилась до минимума инфраструктура, обслуживающая семью. Сегодня почти всем приходится самостоятельно стирать, гладить, мыть окна. В целом можно сказать, что семья стала более автономной от государства.

Вопросы:

1. Какие «симптомы» кризиса современной российской семьи перечисляет Римашевская?
2. Почему в советское время экономическая функция семьи была минимальна?
3. Какие семьи редки в наши дни?
4. Почему произошло это изменение?
5. Как отразилось на жизни семьи сокращение инфраструктуры, обслуживающей ее?
6. Как Римашевская характеризует современную семью в целом?

3.1.2 Типы семьи

– Какой тип взаимоотношений в семье доминирует в России?

– Мне нравится определение Сергея Голода. По его мнению, в России сейчас существуют три типа семьи: патриархальная (руководимая мужем–отцом), детоцентристская (такая сложилась в послевоенные годы и существует по сей день) и супружеская (тут муж и жена живут вместе столько, сколько им интересно друг с другом, независимо от количества детей). Все эти три типа уживаются в нашем обществе одновременно.

Традиционный тип взаимоотношений в семье, согласно которому мужчина выполняет роль добытчика, а женщина – воспитательницы детей, по-прежнему доминирует в сознании многих. Но в то же время усиливаются позиции современной, супружеской семьи. Это требование времени, связанное прежде всего с тем фактом, что женщины завоевывают все более серьезные позиции в экономическом плане, в обществе в целом.

– Бытует мнение, что эгалитарная семья – продукт западной цивилизации, не имеющий корней в нашем обществе. Нередко приходится слышать, что самостоятельные женщины меньше дорожат семьей и часто являются инициаторами разводов.

– В нашей социальной реальности причудливо переплетаются черты традиционного и модернизированного общества. В силу особых исторических условий в России сложилась своего рода уникальная ситуация: партийно-государственный тоталитаризм советской эпохи сформировал своеобразные патриархальные отношения со слабым мужчиной и сильной женщиной. Слабость мужчины определялась тем, что он был ограничен в возможностях самореализации и не мог быть полноценным «добытчиком», а сила женщины вытекала из объективных условий «двойной нагрузки». Эти неестественные отношения уходят в прошлое, и важно выяснить, что же приходит им на смену.

Я уверена, что российская семья неуклонно движется в сторону западной модели, в сторону осмысленного и устраивающего обоих супругов брака. Практика показывает, что именно такие семьи отличает стабильность, именно здесь рождаются и воспитываются желанные дети, осуществляется нормальное воспроизводство населения, без которого невозможно устойчивое развитие.

Вопросы:

1. Какие три типа семьи выделяет Голод?
2. Какой тип доминирует в сознании многих?
3. Какое мнение об эгалитарной семье приводит корреспондент?
4. Какие отношения сформировались в условиях тоталитаризма?

5. Что сделало мужчину слабым и женщину сильной?
6. Какими Римашевская считает эти отношения?
7. Какая модель приходит им на смену?
8. В чем Римашевская видит преимущества супружеской семьи?

3.1.3 Роль женщины в семье

– Так или иначе мы вновь возвращаемся к вопросу об изменении роли женщины.

– Наше исследование показало, что удовлетворенность людей семейной жизнью зависит прежде всего от того, как организована повседневность,[3] от того, кто варит, стирает, водит ребенка в детский сад. Кстати, большинство опрошенных сошлись на мнении,[4] что ведение хозяйства, забота о детях, равно как и ведение бюджета, – это поле совместной работы. Впрочем, бюджетом женщины традиционно занимаются активнее мужчин: по нашим данным, 50% семей, попавших в поле зрения, безраздельно отдавали деньги в распоряжение женщины, 40% решали финансовые вопросы сообща, и только в 10% случаев деньгами ведал муж.

В то же время уровень удовлетворенности браком зависит и от статуса жены. Если женщина не имеет профессии и не соцреализована,[5] ей трудно и дома, она начинает испытывать беспокойство и депрессию, всем недовольна, начинает исподволь дестабилизировать семью, и в конце концов дело может закончиться разводом. Женщины, нашедшие себя в обществе и профессии, как правило, более комфортно чувствуют себя в семье, женщины, придерживающиеся либеральных взглядов на семейные установки, больше удовлетворены браком, нежели «патриархальные» домохозяйки. Показательно и другое – сегодня все больше мужчин испытывают удовлетворение от того, что участвуют в домашних делах. Из всего этого следует парадоксальный на первый взгляд вывод: если мы хотим укреплять структуру семьи – какой бы она ни была, – мы должны думать о том, как укреплять позицию женщины в обществе.

Вопросы:

1. От чего зависит удовлетворенность семейной жизнью?
2. Какие функции большинство опрошенных считают полем совместной работы супругов?
3. Кто занимается бюджетом?
4. Как связаны удовлетворенность браком и статус женщины в семье?
5. Что показательно в отношении мужчин к домашним делам?
6. Какой «парадоксальный» вывод делает Римашевская?

3.1.4 Взаимоотношения поколений

– Что можно сказать нового о взаимоотношениях поколений в семье?

– Прежде всего уходят в прошлое знаменитые русские бабушки. Это серьезное изменение. Иным стало и отношение молодых к браку, они не торопятся регистрировать брак, справедливо полагая, что прежде чем создать семью, нужно сначала стать на ноги и желательно решить жилищную проблему. На фоне всеобщего сокращения рождаемости (на одну женщину приходится 1,26 ребенка) увеличивается число внебрачных детей, матери которых сделали сознательный выбор. Эти тенденции также роднят нас с западными странами.

Тенденции обозначены. Дело за тем, чтобы их осмыслить и выстроить адекватную политику.

«НГ»

Вопросы:

1. Какое изменение Римашевская считает серьезным?
2. Как изменилось отношение молодых к браку?
3. Что происходит с рождаемостью?
4. Что Римашевская говорит о рождении внебрачных детей?
5. С чем можно сравнить эти тенденции?

3.2 НЕ ХОЧУ БЫТЬ ЭГОИСТКОЙ

Мама моей подруги – самостоятельная, сосредоточенная на себе женщина. Она – высококлассный переводчик, а сейчас – владелица переводческой фирмы. У нее было два мужа – отец подруги работает сейчас в Женеве, а отчим (моложе жены на 12 лет) – бизнесмен. Все сохранили хорошие интеллигентные отношения – отец приглашает подругу на каникулы в Швейцарию, отчим с новой женой водят ее на презентации, модные концерты. Такая «современная идиллия», которой руководит ее мама – выглядящая намного моложе своих 47 и путешествующая по дорогим курортам «стильная деловая женщина». Только из своей роскошной квартиры, где у подруги отдельная комната, «упакованная» компьютером и прочей техникой, она приходит к нам домой, часто остается ночевать на раскладушке, пристроенной между моей и сестринской кроватями. У нас она находит то, чего ей всегда не хватало – дом и семью.

Мои родители поженились в студенчестве, я родилась в общежитии и с детства помню экзамены – студенческие, потом аспирантские. Они оба защитились,[6] правда, мама на восемь лет позже – родилась сестра, и это было для нас всех большим счастьем. С какой гордостью я, первоклашка,[7] гуляла с коляской после школы! Как старалась научиться делать все по дому, чтобы помогать маме! Мне с самого детства это казалось не менее важным, чем успехи в школе или будущая карьера.

Моя мама никогда не хотела соперничать с мужем, наоборот, она не уставала замечать, что он – талантливее, работоспособнее, вообще молодец. Не заставляла его много зарабатывать и покупать дорогие вещи. Зато их семья, которой уже 22 года, в самом деле счастливая и гармоничная. Да, моя мама также работает в институте, но старается брать нагрузки столько, чтобы успеть к вечеру приготовить настоящий обед и за столом неторопливо обсудить все дневные дела и проблемы – папины, мои, сестры. И никто из нас ни разу не пожалел о том, что мы росли именно так.

Знаю, некоторые мои сверстницы не торопятся выходить замуж в студенчестве, откладывают «на потом» или просто не включают замужество в свои стратегические планы на жизнь («детей можно и одной завести, были бы деньги»). Но я не могу с этим согласиться. Мне кажется, в такой позиции скрывается самый настоящий эгоизм – и жестокость по отношению к детям, которые все равно будут страдать от недостатка нормальной жизни в нормальной семье. Конечно, есть женщины, которым дом – обуза, они все в творчестве, бизнесе, карьере и так далее. Но все-таки, я уверена, таких меньшинство.

«НГ»

Вопросы:

1. Какими качествами обладает мать подруги автора?
2. Какими преимуществами пользуется ее подруга?
3. В каких условиях она ночует у автора?
4. Как начиналась совместная жизнь родителей автора?
5. Почему, по мнению автора, их семья счастливая и гармоничная?
6. Почему ее мать старается не работать слишком много?
7. За что автор критикует своих сверстниц?
8. Почему она не может согласиться с их позицией?

3.3 «МЫ РЕШИЛИ ПРОВЕРИТЬ СВОЮ ЛЮБОВЬ»

Сначала официальная регистрация в загсе, затем венчание по церковному обряду и в завершение пышное празднество – основные атрибуты свадьбы. Во всяком случае, так принято считать.

Другое общепризнанное мнение: официально заре-гистрированные отношения, штамп в паспорте сделают союз двоих более прочным и долговечным.

Анна, 23 года, москвичка, по профессии архитектор, со своим избранником познакомилась во время учебы. Александр, на год старше ее, спустя некоторое время после их знакомства сделал Анне предложение. Она согласилась почти сразу. Стали готовиться к свадьбе. Подготовка совпала с приходом не самых лучших времен.

«Свадьба, пышное празднество – мы об этом даже и не думаем, стоит это сейчас довольно дорого, а финансовое положение у нас пока не очень прочное, да и потом для нас это не самое главное. Нам повезло: наши очень хорошие приятели надолго уехали в командировку за границу, оставив нам небольшую скромную квартирку за городом за чисто символическую плату. Недолго думая, мы решили пожить в ней вместе... Какие у нас могут быть сомнения или опасения? Если только что-то может измениться в наших отношениях не в лучшую сторону, признается Александр. – Ведь жить под одной крышей и вести общее хозяйство намного сложнее, чем просто называться женихом и невестой. Но эти сомнения скоро, я надеюсь, уйдут в прошлое. В последнее время наши отношения только улучшаются, мы счастливы. Единственное, в чем я испытываю осложнения, – это как называть мою Анну. «Моя подруга» – это как-то не так, «моя женщина» звучит смешно, «моя невеста» – меня больше не устраивает, она для меня уже что-то большее. В остальном особых проблем не существует даже с нашими родителями. На их помощь мы особенно не рассчитываем, они считают, что мы поступаем не совсем правильно, пренебрегая официальной регистрацией, но, я думаю, они понимают, что время сейчас не самое благоприятное».

Аня и Саша не спешат официально оформить отношения прежде всего, конечно, из-за финансовых соображений. Но так ли важна сейчас свадьба, укрепит ли она их отношения? То, что цементирует человеческие души, сплачивает, отнюдь не заветный штампик. Это – непреодолимое желание быть рядом друг с другом. Доживут ли они до своей свадьбы? Хочется надеяться, что да. И тогда это будет первая и последняя свадьба в их жизни. Ведь невзгоды и испытания – как лакмусовая бумажка, проверяющая на прочность любой союз.

Наши герои – состоятельная пара, представители бывшего среднего класса. Они производят приятное впечатление обычной любящей пары, они такие же, как все, только, может быть, чуть больше влюблены друг в друга.

«Если свадьба и состоится, она ничего не изменит в наших отношениях и ничего к ним не добавит. Мы не верующие, а идти

48

в церковь только ради красивой церемонии, музыки, свечей, белого платья и всего остального считаем неправильным. Если мы и поженимся, то только когда у нас должны будут появиться дети, чтобы не осложнять жизнь ни им, ни себе. И если наши родители немного разочарованы, в этом нет ничего страшного – очень много изменилось со времен их молодости, ведь мы уже совсем другое поколение...»

«НГ»

Вопросы:

1. Что принято считать основными атрибутами свадьбы?
2. Что, по мнению многих, может сделать брак более прочным?
3. Почему Анна и Александр перестали готовиться к свадьбе?
4. В чем им повезло?
5. О чем могут быть сомнения у Александра?
6. Угрожает ли им это?
7. О какой проблеме говорит Александр?
8. Как ко всему этому относятся их родители?
9. Что, по мнению автора, сближает людей?
10. Надеется ли автор, что они доживут до своей свадьбы?
11. Почему автор думает, что тогда это будет «первая и последняя свадьба в их жизни»?
12. Что они говорят о церковной службе?
13. В какой связи упоминаются дети?
14. Что они говорят о родителях?

3.4 ПОЧЕМУ НАШИ БАБУШКИ ЛЮБЯТ ВНУКОВ БОЛЬШЕ, ЧЕМ ЗАГРАНИЧНЫЕ

3.4.1 Ровесницы

Вера Савельевна из Ставрополя пережила войну ребенком. Однажды выбежала на поле набрать картошки, а вернувшись не нашла ни дома, ни матери с сестренкой, только воронку от снаряда.

Ровесница Веры Савельевны немка фрау Бригитта тоже самое страшное воспоминание вынесла из детства – ад дрезденской бомбежки.

После войны Вера Савельевна грузила на ферме тяжелые фляги с молоком и маслом, а по ночам сидела над книгами – хотела стать учителем. В школе она проработала 43 года. Вырастила дочь. Похоронила мужа. А когда пришло время уходить на пенсию, осталась в школе, чтобы заработать лишнюю копейку и помочь семье дочери.

Фрау Бригитта после войны тоже стала учительницей. Работала много: по 70 часов в неделю. В сорок лет судьба свела ее с вдовцом, и она воспитала как своего младшего из четверых его детей.

На пенсию фрау Бригитта вышла раньше времени – по инвалидности. Ей и в голову не пришло продолжать работу. Она занялась общественной деятельностью: воссоздала библиотеку в своем районе, читала лекции о родственнике, известном в Европе писателе. Помогала сыну, пока тот учился. Потом ушел из жизни ее друг, а несколько лет назад сын погиб в автокатастрофе.

С тех пор фрау Бригитта живет одна. Раз в год к ней заезжают внуки. Старой и покинутой она себя не ощущает. («У всех моих приятельниц есть дети. Но все они живут отдельно и свои проблемы решают сами».) Наоборот, живет только для себя, следит за здоровьем, ходит с приятельницами в театры. Как минимум два раза в год путешествует. Часами в одиночестве может наслаждаться природой. Шесть лет назад фрау Бригитта начала учить английский язык.

Вера Савельевна, когда из школы все-таки пришлось уйти, тоже нашла себе хобби – дачный участок. По осени все консервирует и отдает дочери и внукам. Дочь живет на соседней улице, заглядывает редко, а внуки забегают иногда на пирожки. Когда долго никого нет, она собирает сумку и ковыляет к ним. Недавно в ее доме молодая семья отправила своего отца в дом престарелых. Это событие повергло в депрессию всех бабулек. [8] Но Вера Савельевна себя утешает: с ней такого не должно случиться, ведь она столько сделала для детей!

Вопросы:

1. Чем похожи жизненные истории двух ровесниц?
2. Как фрау Бригитта устроила свою жизнь на пенсии?
3. Какие хобби у Веры Савельевны?
4. Для чего она это все делает?
5. Почему она думает, что ее не отправят в дом престарелых?

3.4.2 Кто кому обязан

В русском языке есть поговорка: «Какая же ты мать, если своего ребенка до пенсии недокормила». Центр «Геронтолог»[9] провел опрос. Только десятая часть пенсионеров считают, что «их дети – взрослые люди и должны сами решать свои проблемы». Больше половины убеждены, что «родительская обязанность – помогать детям всем, чем можно, и при любых обстоятельствах».

На Западе на это смотрят совсем иначе. В той же Германии, например, родители действительно обязаны помогать своим детям, но только пока те учатся. После выхода на заслуженный отдых лишь 11% пенсионерок продолжали «спонсировать» детей. Остальные убеждены: пенсии достаточно только для того, чтобы один человек смог прожить достойно, и если сын или дочь не могут найти работу – это их личные проблемы.

Российский человек очень отличается от европейца. Поколение, которое сейчас на пенсии, растило детей в критической ситуации. Подняло их на ноги ценой неимоверного надрыва всех жизненных сил.

Мы были бедными. Мы и сейчас бедные. Бедным проще выживать вместе. Дети вынуждены лепиться к родителям, потому что до середины жизни не могут получить отдельное жилье. Родители вынуждены лепиться к детям, потому что сегодня пенсионеры – подчас единственные люди в семье, кто получает «живые» деньги.[10] Чем люди богаче, тем быстрее они вытесняют детей из своей жизни.

Вопросы:

1. Что выявил опрос, проведенный центром «Геронтолог»?
2. А как на это смотрят в Германии?
3. Почему в России люди «лепятся» друг к другу?

3.4.3 Что немцу хорошо, то русскому...

Но дело не только в материальном положении. Психологи говорят, что у русских особый менталитет. Жертвенность[11] живет в нас. У нас принято жить для детей, а не для себя. Детей и рожают-то специально, чтобы придать существованию какой-то смысл. «Когда наш пожилой человек смотрит на своего выросшего ребенка, у него главная установка такая: «Я ему все отдал, всем пожертвовал ради него», – говорит кандидат психологических наук Ольга Краснова. – И ждет, иногда даже требует, чтобы это «все» было ему возвращено».

Хотя и не «все», но оно возвращается. В российских семьях сохраняются более душевные, более тесные отношения, чем в западных. Специалисты Института социально-экономических проблем народонаселения РАН[12] подсчитали: почти половина наших бабушек видятся со своими внуками не менее 2–3 раз в неделю. Если встречаются реже – начинают паниковать и жалуются на безразличие и плохое отношение. На Западе нормой считается открытка на Рождество.

У германских бабушек в их системе ценностей на первом месте и с большим отрывом стоит собственное здоровье. На втором – родственные отношения, но не в том смысле, чтобы отдать последнюю рубашку, а в плане общения. На третьем – общение с друзьями.

Для наших бабушек и дедушек до старости лет главным смыслом жизни остаются дети и внуки. Их проблемы заботят пенсионеров в два раза больше, чем собственное здоровье, и в 10 раз больше, чем собственные материальные и бытовые сложности.

«АиФ»

Вопросы:

1. Какая черта характера русских проявляется в их отношении к детям?
2. Как пожилой человек смотрит на своего взрослого ребенка?
3. Как это воспринимают дети?
4. Какие отношения сохраняются в российских семьях?
5. Какое доказательство этого приводят специалисты?

3.5   ПРЕСТУПНОСТЬ И ДЕТИ

3.5.1 Первые шаги по жизни

Картинка из повседневной жизни. Столица. Шумная станция метро. Суета. Из-за спины голос.

– Дядьк, а дядьк, дайте рубль мамке помочь, – неопрятный мальчишка смотрит нагло и воровато.

– Кому? – грозно вопрошает рядом пожилая дама почему-то с молодежной прической на седой голове.

– Мамке, – неуверенно лепечет паренек.

Я достаю рубль.

– Мамка-то у тебя где?

– В Караганде. – К пареньку подбегают сверстники, разглядывают полученный рубль. Слышу: «Молодец. Чтоб сегодня еще тридцать собрал, понял?» Пожилой дамы рядом уже не видно. Благодарный паренек виновато бормочет: «Пьет мамка, в больнице она. Серый,[13] пошли, хватит болтать».

В то же самое время ровесник Сереги, тоже москвич, Олег Сулейманов, эпатирует столичных журналистов своими способностями. Он не попрошайничает в метро и исправно посещает школу. Его папа – военный. Олег – вундеркинд. Когда ему не было еще десяти лет, он послал министру обороны толстую тетрадь со своими предложениями по реорганизации армии... Родители Олега любят. И никто никогда не докажет, что Олег не стал бы просить рубль у прохожих, если бы жизнь сложилась по-другому. Если бы «мамка пила».

Всезнающие статистики подсчитали, что сейчас в России 40% детей живут в бедных семьях. Таких, где на завтрак – опостылевшие макароны, а на ужин упреки отцу: «Ты почему не зарабатываешь?» Попробуйте объяснить ребенку из такой семьи, что вполне возможно «новый русский папа» его соседа – обыкновенный спекулянт. И может, завтра дорогих игрушек сыну он купить не сможет. Детство проходит быстро. Ребяческих же радостей хочется сегодня, а не завтра. И когда их не может дать семья, дает улица.

Так или иначе, наша свободолюбивая эпоха привела к резкому росту преступности среди малолетних. С 1988 по 1992 год она увеличилась более чем в полтора раза. В 1997 году был выявлен уже 1 372 161 подросток, совершивший преступление. Причем тенденции поистине дьявольские. Малыши не в игрушки играют. Зачастую они торгуют оружием и наркотиками, шантажируют предпринимателей и даже совершают компьютерные преступления. И виноваты в этом не только бедные или неполноценные семьи.

Та седовласая дама, что интересовалась у мальчишки в метро, для кого он все-таки рубль просит, росла, видимо, в благополучной семье. На завтрак там тоже были макароны. Но это неважно. Главное – ее дети знали: мама и папа, которые их кормят, очень хотят им светлого будущего. То есть хорошей работы и крепкой семьи. И все. Поэтому и дети росли по той же схеме. И вот однажды она сломалась. Работы и семьи стало мало. Захотелось денег и смысла жизни. Того, что в семье ни дать, ни объяснить не могли. Детям осталось самостоятельно решать, что им делать. Статистические результаты процесса приведены выше.

«НГ»

Вопросы:

1. Что Сергей делает у станции метро?
2. Что выясняется из разговора сверстников?
3. Чем отличается от Сергея его ровесник Олег?
4. В каких семьях живут в России 40% детей?
5. Почему они упрекают отца?
6. Каких «ребяческих радостей» им хочется?
7. Что происходит, если их не может дать семья?
8. Какие преступления дети совершают?
9. В каких условиях росли дети в советское время?
10. Как это изменилось в сегодняшней России?

3.5.2 Взгляд специалиста

В числе причин роста малолетней преступности криминологи склонны видеть преступно-халатное поведение отдельных должностных лиц, известные экономические катаклизмы, несовершенство нынешнего Федерального закона «Об образовании», который позволяет отлучать детей от школы, фактическое введение платы за обучение не только в вузах, но и в школах. Следствием этого становится рост числа абсолютно неграмотных, дезадаптированных[14] детей.

Более 300 тыс. из числа доставлявшихся в ОВД[15] малолетних правонарушителей имели лишь начальное образование, а 45 тыс. не имели и его. Для этих детей характерны устойчивые асоциальные установки, порожденные борьбой за выживание в современных «джунглях», отсутствие навыков конструктивного, неагрессивного поведения, что непременно скажется не только на их личной судьбе, но и на будущем обществе. И таких детей в России, по мнению экспертов, уже не менее 2-3 млн.

На криминализацию детей влияет и ослабление воспитательной функции школы, и семейное неблагополучие, порожденное экономическим кризисом, и разрушение системы социализации подрастающего поколения в целом.

Борьбу с правонарушениями и их профилактику осуществляют инспектора милиции по делам несовершеннолетних. Нередко к инспекторам обращаются за помощью как родители, так и сами подростки, в том числе и по вопросам трудоустройства.

Почему-то забыта роль общественности в важном деле воспитания подрастающих поколений, хотя наш богатый прошлый опыт организации этой работы активно используется в столь высокоразвитых странах, как Япония и ФРГ. Правда, кое-где в регионах существуют собственные инициативы, связанные с созданием советов отцов, деятельностью ветеранских и казачьих организаций, студентов и курсантов милицейских вузов. Но, как правило, они не имеют помощи со стороны государства и администрации регионов. Тем не менее, тенденции криминогенной ситуации[16] таковы, что одним правоохранительным органам с этой проблемой не справиться.

«НГ»

Вопросы:

1. Какие причины роста малолетней преступности здесь перечислены?
2. Что произошло в области образования?
3. К чему это приводит?
4. Что порождает у детей асоциальные установки?
5. Какие навыки отсутствуют у этих детей?
6. Почему это опасно?
7. Какие три фактора влияют на криминализацию детей?
8. Какую роль играют инспектора милиции по делам несовершеннолетних?
9. Какие новые инициативы существуют?
10. Почему, по мнению автора, государство должно поддерживать эти инициативы?

3.6   НАСИЛИЕ В СЕМЬЕ

3.6.1 Нищета рождает жестокость

Криминализация российской семьи за последние годы не только не ослабла, а, к сожалению, усилилась.

Главная социальная причина роста насилия в российской семье, ее ожесточенности – бедность и нищета. По официальной статистике, бедных в России свыше 30 млн., а по результатам независимых исследований – от 60 до 80% всего населения. Россия по уровню жизни в 1998 г. сравнялась с Анголой и Коста-Рикой. Особенно страдают от бедности многодетные семьи. По данным социологов, из общего числа семей с тремя и более детьми 70% являются бедными, а с четырьмя и более – свыше 90%! Для подавляющего большинства россиян рождение ребенка стало еще одним шагом к нищете.

Как социолог,[17] вынуждена констатировать, что российская семья конца XX столетия – самая агрессивная в истории России. Она все больше превращается в своеобразный полигон для всех видов насилия – от физического до экономи-ческого, от сексуального до морально-психологического, когда убить можно и не «распуская рук».[18]

Дети, престарелые родители, инвалиды, женщины, не спо-собные защитить себя, составляют ежегодно более одной третьей части всех убитых на почве конфликтов в семейных отношениях. Только согласно официальным данным, каждый четвертый мужчина в семье избивает жену. В то же время возросло число самосудов–расправ[19] женщин и стариков с семейными тиранами.

Истина такова: только по официальным данным на профилактическом учете в органах внутренних дел состоит свыше 3,55 млн. лиц антиобщественного поведения. Среди них более 296 тыс. отнесены к категории семейных дебоширов, 420 тыс. – хронические алкоголики, 73 тыс. – наркоманы, около 40 тыс. – психически нездоровые люди. Все они представляют собой реальную угрозу безопасности для членов семьи, проживающих под одной крышей.

«НГ»

Вопросы:

1. Что произошло с российской семьей за последние годы?
2. Какую социальную причину этого автор считает главной?
3. Кто особенно страдает от этого?
4. Какие виды насилия автор наблюдает в российской семье?
5. Кто становится жертвами насилия?
6. Какие факты доказывают это?
7. Кто стоит на учете в органах внутренних дел?

3.6.2 Слишком мало и слишком поздно

Темой очередного доклада международной организации «Хьюман Райтс Вотч» в отношении России стала проблема насилия над женщиной. Группа независимых исследователей посетила Москву, Санкт-Петербург, Сергиев Посад, Нижний Тагил и Мурманск, собрала и проанализировала обширный материал – свидетельства потерпевших, интервью с работниками государственных и общественных служб, депутатами парламента и милиционерами, а также статистические данные и тексты президентских указов и современного законодательства.

«Исходя из данных, полученных в результате этого исследования, – заключают эксперты, – «Хьюман Райтс Вотч» считает, что российская правоохранительная система не только не борется с насилием против женщин, но, напротив, создает многочисленные и труднопреодолимые препятствия к такой борьбе. Представителями «Хьюман Райтс Вотч» документированы свидетельства того, что с момента первого обращения жертвы насилия в правоохранительные органы до момента закрытия ее дела она систематически сталкивается с враждебным отношением, саботажем и предвзятостью по отношению к ее делу... »

Западные правозащитники не открыли Америки. Всем и так хорошо известно, что домашнее насилие, проще говоря, избиение жен и детей – привычная российская практика, на которую ни суд, ни участковый, как правило, не обращают никакого внимания. Не секрет, что жертва сексуального насилия крайне редко обращается в милицию, боясь мести насильника и его друзей и вообще не желая позориться лишний раз в суде. Не новы и приведенные цифры. Мы давно уже знаем, что в минувшем году мужьями и сожителями были убиты 14 тысяч женщин, что лишь 5–10% подвергшихся сексуальному насилию женщин и подростков обращаются в милицию, – и все равно заявлений тысячи. Мы привыкли к этим цифрам так же, как и к тому, что у нас миллион беспризорников, что инвалидам чеченской бойни[20] не выплачивают денежные компенсации за ранения, что живем в какой-то невероятной стране, где каждый день происходит то, что не должно происходить ни при каких обстоятельствах.

Достоинство доклада отнюдь не в попытке воссоздать во всей полноте картину насилия в отношении женщин, но в стремлении вычленить[21] из всеобщего российского хаоса одну конкретную проблему и рассмотреть ее с точки зрения права и применения его на деле. Мы видим исключительно западный позитивистский подход, основанный не на концепциях, а на конкретных сюжетах и суждениях конкретных людей, будь то доктор, сержант милиции, избиваемая жена или председатель комитета Государственной Думы. Это позволяет нам не только увидеть нашу ситуацию «чужими глазами», но и заметить в каждом конкретном случае те промахи и ошибки, которых можно было бы избежать. Если бы принятые Россией обязательства международного права в отношении защиты женщин[22] воспринимались нашей судебной системой серьезно. Если бы законы были более проработанными. Если бы все работники правоохранительных органов ответственно относились к своим обязанностям и четко выполняли хотя бы те законы, которые существуют.

Все конкретные случаи невыполнения милицией, медицинскими экспертами и судьями своих служебных обязанностей в отношении пострадавших женщин описаны подробно, чтобы можно было выявить, где именно та черта, за которой зло в глазах стража закона перестало быть злом и превратилось в вину потерпевшей.

«Хьюман Райтс Вотч» считает, эта практика должна быть изменена. И дает рекомендации правительству Российской Федерации (от публичного осуждения домашнего насилия до финансирования убежищ); законодателям (внести изменения в Уголовный кодекс); Министерству внутренних дел (собрать точную статистику, подготовить сотрудника по этим вопросам для каждого отделения милиции).

Сами правозащитники едва ли надеются на то, что их пожелания в ближайшем будущем претворятся в жизнь. Их задача – поставить и заострить проблему, привлечь широкое внимание к теме насилия над женщиной как составной части прав человека (кстати, российские правозащитники тому упорно противятся, видимо, по старинке не считая женщину личностью). С этой целью доклад был переведен на русский язык и представлен на пресс-конференции в Музее имени Андрея Сахарова.

«НГ»

Вопросы:

1. Какая организация проводила исследование, о котором говорится в статье?
2. Какой материал исследователи собрали и проанализировали?
3. К какому заключению пришли эксперты?
4. Это было важное открытие?
5. Кто редко обращается в милицию и почему?
6. Новы ли цифры, приведенные в докладе?
7. К чему, по словам автора, привыкли в России?
8. В чем достоинство доклада?
9. На чем основан подход западных правозащитников?
10. Что это дает россиянам?
11. Какие случаи описаны подробно и зачем это сделано?
12. Какие рекомендации включены в доклад?
13. Что западные правозащитники считали своей главной задачей?

Notes:

---

[1] Наталья Римашевская – social scientist, involved in preparing the programme for improving the status of women in society and in the family in 1989, and in the setting up of the Moscow Centre of Gender Studies in 1990.

[2] РАН – Российская Академия наук

[3] повседневность – daily chores

[4] сойтись на мнении – to agree

[5] соцреализована – реализована в социальной сфере – has a role in the public sphere

[6] защититься – colloquial variant of защитить диссертацию – to obtain a higher degree, usually кандидат наук, roughly equivalent to PhD; the process involves examinations as well as researching and writing a dissertation and 'defending' it in an oral examination

[7] первоклашка – colloquial variant of первоклассник, первоклассница, refers to a pupil of either gender, aged between 6 and 7, who has just started school

[8] бабуля, бабулька – an old dear

[9] геронтолог – specialist in gerontology, study of the processes of ageing, and of the problems and diseases of old age

[10] «живые» деньги – ready cash

[11] жертвенность – readiness to sacrifice one's own interests for the good of another, selflessness

[12] Институт социально-экономических проблем народонаселения РАН – Institute of Socio-Economic Population Problems within the Russian Academy of Sciences

[13] Серый – nickname based on the name Сергей, diminutive forms of which are Сережа, Серега

[14] дезадаптированный – maladjusted

[15] ОВД – отдел внутренних дел – police

[16] криминогенный – giving rise to crime

[17] The author, Галина Силласте, member of the Duma, was asked in 1995 to head a working party on the bill on the prevention of violence within the family; the bill was abandoned in March 1999.

[18] «распускать руки» – to resort to the use of one's fists

[19] самосуд–расправа – taking the law into one's own hands in reprisal

[20] чеченская бойня – reference to the 1994-96 war in Chechnya

[21] вычленить – to isolate

[22] Russia is signatory to the UN Convention on the Elimination of All Forms of Discrimination Against Women.

Chapter 4

МУЖЧИНЫ И ЖЕНЩИНЫ

4.1 ГРЕХ КАК ВАРИАНТ НОРМЫ?

4.1.1 Русская культура

Как это ни странно звучит, но русская культура принадлежит к числу репрессивных. Это значит, что в ней подавлялись и вытеснялись все низменные проявления. Наша культура устремлена ввысь, в ней ярко проявлена нравственная вертикаль. Это не значит, что в России все ходили по струнке[1] и были святыми. Но грех здесь всегда считался грехом, а не вариантом нормы. Эта проблема приобретает особую остроту в связи с попыткой внедрения в школы образовательных программ, навязывающих детям так называемые новые модели поведения.

В последнее время программы активно внедряются в школу Министерством образования, Российской ассоциацией «Планирование семьи» (РАПС) и фармацевтическими фирмами. Однако они грубо нарушают традиционные нравственные основы нашего общества. Начнем[2] с того, что разговоры взрослых с детьми при всех на интимные темы строго табуированы. Целомудрие лежит в центре русского культурного сознания, видимо, поэтому в ряде программ предусмотрены даже специальные уроки по «снятию стыда».

<u>Вопросы:</u>

1. Что авторы говорят о русской культуре?
2. Что это значит?
3. Какая проблема приобретает особую важность сегодня?
4. В связи с чем это происходит?
5. Что эти программы нарушают?
6. Что было строго табуировано в России?
7. Что лежало в центре русского культурного сознания?

4.1.2 Ломать – не строить

Содомские грехи[3] объявляются вариантами нормы. В последней программе РАПС бисексуальность и гомосексуальность называются «сексуальными ориентациями», а вовсе не извращениями, и перечисляются наряду с гетеросексуальностью. По сути, единственным грехом оказывается лишь непредохранение от нежелательной беременности и неосведомленность в вопросах секса. Не случайно программа построена так, что сначала дети узнают о различных методах контрацепции, потом о женской и мужской сексуальности и различных ориентациях и лишь потом о любви.

Вполне естественно, что в ней не место глубокому изучению православных традиций в области семейных отношений. Всего одна тема посвящена «Представлениям о семье в основных мировых религиях». Но на этом же уроке дети должны узнать и об «изменении взглядов на взаимоотношения мужчины и женщины в современном обществе».

Больше того, всячески муссируется неграмотность родителей в вопросах секса, и, по замыслу идеологов сексуального просвещения, в недалеком будущем дети должны выступить как учителя для своих родителей. Если это произойдет, то гибель культуры обеспечена, ибо будет нарушена преемственность ее передачи. Традиционная (в нашем случае православная) культура является основным препятствием на пути осуществления этого модернистского проекта, и все силы сейчас бросаются на ее слом.

Итак, для тех, кто не войдет в разряд гениев, будет «безопасный секс», включающий стерилизацию, а для других – клонирование. Таким образом, будут отринуты все те, кого Христос называл «блаженными» и призывал к себе для утоления их печалей. Будет вечная жизнь тела, пустой оболочки. Это и есть мир антихриста, мир подмен.

Вопросы:

1. Какие два мнения о клонировании человека приводятся?
2. Как рассматривает клонирование академик Струнников?
3. Как авторы развивают эту мысль академика?

4.1.5 Кому это выгодно?

И тем не менее данные программы упорно навязываются школам. Естественно, возникает вопрос: кому это выгодно?

Прежде всего фармацевтическим фирмам, заинтересованным в сбыте своей продукции. В программах, спонсируемых фирмами контрацептивов, есть даже история создания презерватива. Выгодно это и порнодельцам, заинтересованным в расширении клиентуры.

Заинтересованы в сексуальном просвещении детей и так называемые сексуальные меньшинства, которым не терпится стать уважаемыми членами общества.

Ну и конечно, на руку это и антихристианским силам, заинтересованным в том, чтобы ввергнуть мир в бездну неоязычества.[5] В нашу страну все активнее проникает идеология «Нью Эйдж», антихристианская по своей сути и направленная на воскрешение «ветхого человека».[6]

Таким образом, если мы допустим, чтобы наши дети усвоили «новые модели поведения», мы рискуем довольно быстро оказаться в мире, отвернувшемся от Христа, который неизбежно оказывается во власти Его антагониста. И от всех нас сейчас зависит, сохранит ли при нашей жизни Россия «удерживающую» роль или мы смалодушничаем,[7] но, увы, запоздало пожалеем.

<u>Вопросы</u>:

1. В чем состоит выгода программ сексобразования для фармацевтических фирм?
2. Кто еще в них заинтересован и почему?
3. Какие «антихристианские силы» авторы упоминают и в какой связи?
4. Почему они считают, что нельзя допустить, чтобы дети усвоили «новые модели поведения»?

4.2 СЕКСУАЛЬНАЯ КОНТРРЕВОЛЮЦИЯ И ЕЕ ЖЕРТВЫ

4.2.1 Сексуальная революция

Когда в начале 1993 г. удалось провести первое достаточно крупное социологическое исследование, посвященное сексуальному поведению подростков Москвы и Петербурга,[8] вывод был обнадеживающим: наши тинэйджеры, если судить по возрасту их первых половых контактов, находились на той ступени «сексуальной продвинутости», на какой их заморские сверстники были лет двадцать назад. В это трудно было поверить на фоне постперестроечного разгула полупорнографической продукции и шумных молодежных тусовок, но таков был факт. Одна из статей, написанных по результатам того исследования, так и называлась: «Несостоявшаяся революция». Но новые результаты, полученные в Москве, Новгороде, Борисоглебске и Ельце в 1995 г., убедили: сексуально-революционный энтузиазм подростковых масс способен преодолеть двадцатилетнее отставание в два года. В последнюю пятилетку XX века более половины несовершеннолетних юношей и девушек вступали сексуально искушенными.

<u>Вопросы:</u>

1. Каков был вывод первого крупного исследования, посвященного сексуальному поведению подростков?
2. Почему в это было трудно поверить?
3. В чем убедили результаты, полученные в 1995 году?

4.2.2 Модель поведения, угрожающая обществу

По данным одного из опросов, каждый 11–12-й сексуальный дебют у несовершеннолетних девушек – результат изнасилования. По крайней мере трем из ста учениц 7–9-х классов пришлось пережить попытку изнасилования (к счастью, не всегда успешную). И это не только проникновение духа агрессии, пронизывающего все наше общество, в сексуальную сферу. Это результат мифологизированных представлений подростков о распределении половых ролей и неумения вести себя в интимной ситуации. Каждая третья ученица седьмого–девятого классов утверждает, что ей случалось во время свиданий или сексуальной игры говорить «нет», хотя на самом деле она имела в виду «да». Поэтому 18% их сверстников полагают, что не стоит порицать парня, который, долго встречаясь с девушкой, принудит ее к сексуальной близости против ее воли. 12% девушек с ними согласны. Таким образом, вырабатывающиеся в подростковой среде модели сексуального поведения часто несут угрозу обществу. Если учащимся не объяснять психологию сексуальных отношений в раннем возрасте, то последствия могут оказаться плачевными.

Рост в 41 раз заболеваемости сифилисом по России за последние 6 лет подходит под определение эпидемии. Среди подростков процесс развивается еще более стремительно. Если среди взрослых заболеваемость выросла с 1990 по 1995 г. в 33,4 раза, то среди подростков – в 51 раз.

Согласно данным последней 5-процентной микропереписи,[9] первый ребенок появляется в молодой семье в среднем меньше чем через шесть месяцев после регистрации в загсе. А вынужденный брак – неустойчивый брак. Он не может способствовать появлению желанных детей. А значит – вновь аборты. А еще – брошенные дети. Вдумайтесь: в России почти полмиллиона сирот при живых родителях. Целый город детского горя.

Запад, столкнувшись с этими проблемами почти четверть века назад, быстро нашел противоядие – сексуальное просвещение подростков, которое начинается в самом раннем возрасте и сопровождает их все школьные годы. Если нельзя проконтролировать каждый шаг подростка, то нужно научить его самого контролировать свою сексуальность.

<u>Вопросы:</u>

1. Что показал один из опросов?
2. Какие две причины этого автор называет?
3. Какие примеры неумения подростков вести себя в интимной жизни приводятся?
4. Почему автор считает, что психологию сексуальных отношений нужно объяснять в раннем возрасте?
5. Какие «плачевные» последствия названы?
6. В чем автор видит вред вынужденных браков?
7. Какой выход нашли на Западе?

4.2.3 Редкостный консенсус

В российском обществе понимание необходимости сексуального просвещения вызрело давно. С 1989 г. ВЦИОМ[10] начал опрашивать россиян об отношении к сексуальному просвещению. Согласно данным этого центра за 1994 г., 51% взрослого населения страны высказались очень позитивно по поводу школьного сексуального просвещения подростков 14–16 лет, еще 30% высказались позитивно, 6% негативно и еще 4% – резко негативно (остальные затруднились с ответом).

Опрос педагогов в 16 школах, разбросанных по восьми регионам страны, убедил в том, что мнение населения отнюдь нельзя считать некомпетентным. Учителя полностью разделяют мнение населения. На тех же позициях стоят и родители школьников – среди них всего 6% не одобрили идею введения курса полового воспитания – и сами школьники, которые относятся к этой инициативе с еще большим энтузиазмом. Расхождения между старшим и младшим поколениями лишь в том, на что в рамках этого предмета нужно обратить больше внимания. Если воспитатели больше склоняются к академической направленности курса, где давались бы базисные знания по анатомии и физиологии, уделялось бы достойное внимание морально-этическим проблемам, хотя и не в ущерб «практике», то ученики активно интересуются также «инструментальной» стороной дела. За исключением же этих небольших разночтений социальный консенсус редкостный.

<u>Вопросы:</u>

1. Что показывают данные за 1994 год об отношении взрослого населения России к сексуальному просвещению?
2. Какого мнения придерживаются учителя?
3. На каких позициях стоят родители школьников?
4. Как относятся к этому сами школьники?
5. На что нужно обратить больше внимания, по мнению воспитателей?
6. А чем больше интересуются ученики?

4.2.4 Противники

Однако в последнее время по газетным страницам прокатилась волна публикаций, направленных против идеи сексуального просвещения российских школьников. Эти выпады можно было бы проигнорировать, если бы они не стали предметом обсуждений в думских комитетах и даже вполне достойных научных сообществах.

Воинствующие моралисты молчали, взирая на расцвет безвкусной эротики и грязной порнографии. Они молчали, когда весь мир с ужасом говорил о немыслимых цифрах абортов в России. Молчали они и тогда, когда эпидемия сифилиса захлестнула страну. И всколыхнулись, когда речь зашла о создании системы сексуального просвещения подростков, способной научить каждого из них выработать свое нравственное отношение к порнографии и насилию, самостоятельно выбрать линию поведения и предотвращать болезни. Заволновались потому, что сознательный выбор подростка уже не позволит манипулировать подрастающим поколением. Начали митинговать и протестовать, потому что новый предмет означает серьезный шаг в образовательной реформе, изживающей тоталитарное сознание.

«НГ»

<u>Вопросы:</u>

1. Почему автор считает, что нельзя игнорировать выпады противников сексуального просвещения?
2. Как автор называет этих противников?
3. Когда они молчали?
4. Что, по мнению автора, способна сделать система сексуального просвещения?
5. Какие мотивы автор приписывает противникам сексуального просвещения?
6. На какую политическую позицию противников автор намекает?

4.3 СУЩЕСТВУЕТ ЛИ В РОССИИ ДИСКРИМИНАЦИЯ МУЖЧИН?

«Берегите мужчин!» – с таким призывом обратился в 70-х годах к читателям известный демограф, предупреждая об опасности, грозящей физическому и социальному самочувствию «сильной половины рода человеческого».[11] Бурная дискуссия, затянувшаяся на годы, не привела ни к каким практическим действиям.

Сегодня можно говорить о том, что предупреждения не были напрасными, – срок жизни российских мужчин за последние годы резко сократился, едва дотягивая до 59 лет, – другими словами, среднестатистический россиянин просто не доживает до пенсии.[12] Ни в одной развитой стране нет такого – в 14 лет – разрыва между средней продолжительностью жизни женщин и мужчин, нет и такого большого числа гибели мужчин трудоспособного возраста от травм, заболеваний сердечно-сосудистой системы, алкоголизма, такого числа суицидов. Мужчины в России в 8 раз чаще женщин болеют инфекционными заболеваниями, в 4 раза – туберкулезом. По прогнозам, численность мужчин в стране (на сегодняшний день – 47% от всего населения) будет последовательно сокращаться. «Круглый стол» «Дискриминация мужчин в российском обществе» (инициатор – общероссийское общественно-политическое Движение женщин России), состоявшийся в Центральном Доме журналиста в Москве, стал одним из немногих обсуждений проблемы. Отрадный факт – аудитории еще раз напомнили о том, что общество состоит не только из плательщиков (или неплательщиков[13]) налогов, руководства и трудящихся, но также из мужчин и женщин. В дискуссии приняли участие психологи, социальные работники, исследователи и лидеры общественных организаций.

Мнения выступающих разделились: если многие участники обсуждения (депутат Екатерина Лахова, руководитель проекта «Мужская солидарность» Андрей Синельников, директор кризисного центра «Анна» Марина Писклакова) причиной бедственного положения назвали миф о «естественном предназначении» мужчины как агрессивного лидера, не имеющего права на проявление доброты и иных человеческих чувств, то, скажем, социолог Татьяна Мацук утверждала, что присущая мужчине от природы агрессивность не находит возможностей для реализации в обществе, где мужчина по-прежнему несвободен как экономически, так и психологически. Социолог назвала и несколько других причин неудовлетворенности мужчин своим положением – люмпенизацию их в маргинальной (вышедшей из деревенского уклада и так и не ставшей городской) современной семье, хронический численный дефицит мужчин в России XX столетия, дискриминационное законодательство, фактически не учитывающее право на отцовство.

«Нет отдельной дискриминации мужчин и дискриминации женщин, эти явления тесно связаны, и выход может быть найден только в создании механизма законодательства, учитывающего интересы как мужчин, так и женщин», – заключила руководитель Консорциума женских неправительственных организаций Елена Ершова. Политолог Светлана Айвазова познакомила аудиторию с практикой европейских стран (Испании, Португалии, Швеции, Норвегии), где действуют законы о равных правах и возможностях для мужчин и женщин. По мнению большинства собравшихся, подобный закон должен быть реализован и в России.

«НГ»

<u>Вопросы:</u>

1. Какое предупреждение прозвучало в 70-х годах?
2. Что последовало за этим предупреждением?
3. Как автор доказывает, что это предупреждение не было напрасным?
4. Чем стал «Круглый стол», состоявшийся в Москве?
5. Кто принял участие в дискуссии?
6. Что назвали причиной бедственного положения мужчин многие участники дискуссии?
7. Считает ли мифом агрессивность мужчины социолог Татьяна Мацук?
8. Что она утверждала в связи с этим?
9. В каком типе семьи, по ее мнению, мужчина чувствует себя ненужным?
10. О каком законодательстве она говорила?
11. К какому заключению пришла Елена Ершова?
12. Какой закон считали необходимым большинство участников дискуссии?

4.4 СДЕЛАЕТ ЛИ РОССИЙСКАЯ ЖЕНЩИНА СЧАСТЛИВЫМ СВОЕГО МУЖА?

4.4.1 Неожиданные результаты

Какой будет российская семья в XXI веке? В поисках ответа на этот вопрос мы[14] провели исследования, посвященные «просемейным ориентациям сегодняшних молодых», – иными словами, их представлениям о браке и семье. Полученный материал оказался довольно неожиданным. Прежде всего это касается новых тенденций в сознании молодых девушек. Девушки исследуемой нами возрастной категории (москвички 15–25 лет) во всех предлагаемых им игровых сюжетах явно проявляли склонность к свободному экспериментированию в сфере полоролевого поведения, фактически предоставляли юношам лишь ту, или иную форму реагирования. Доминирующая черта в поведенческих моделях наших респонденток была обозначена нами как «комплекс маскулинности», который логически приводил участвовавших в исследовании девушек к выбору нетрадиционной для российских женщин поведенческой модели.

Вопросы:

1. Чему были посвящены исследования, о которых идет речь?
2. Какая возрастная группа изучалась?
3. Что оказалось неожиданным в собранном материале?
4. Какая черта доминировала в поведении девушек?
5. К чему это их логически приводило?

4.4.2 Самохарактеристика

Как правило, «комплекс маскулинности» характерен для девушек с ярко выраженной наступательной тактикой: обычно это довольно энергичные и целеустремленные личности, они независимы и самостоятельны в принятии решений, активны и честолюбивы, обладают развитым чувством соперничества и стремлением к лидерству, имеют четко сформированные жизненные установки.[15] Их самохарактеристики обычно насыщены лексически ударными выражениями и эффектными стилистическими оборотами:

Студентка 18 лет: «...Люблю официальные приемы и деловых обходительных мужчин. Обожаю чайные розы и больших собак...»

Служащая 23 лет: «Могу справиться с компьютером, паяльником, поваренной книгой, мужчинами и фотоаппаратом... люблю спорт и светскую болтовню».

Студентка 19 лет: «Я девушка эффектная и общительная, женственная и кокетливая, эрудированная и потому требовательная, принципиальная и... непредсказуемая».

Школьница 16 лет: «Спортивная, легкая на подьем, веселая и беспечная, смелая и напористая».

Свободная художница, 22 года: «Независимая, раскрепощенная и труднопредсказуемая... люблю быть в центре внимания шумных веселых компаний... Стремлюсь изменять себя и все вокруг...»

<u>Вопросы:</u>

1. Какие черты характера исследователи обнаружили у девушек с «комплексом маскулинности»?
2. Чем отличались их самохарактеристики?

4.4.3 Абсолютный приоритет

Основной постулат, декларируемый девушками этого типа, – абсолютный приоритет их творческой самореализации в работе перед всеми другими социально значимыми функциями женщины в современном мире.

Студентка 20 лет: «...У нее интересная работа, женщина самовыражается через профессию, работа приносит ей удовлетворение, сознание собственной значимости. Ее ценят коллеги и руководство. Сферы ее профессиональной деятельности ограничены только ее склонностями, интересами и желанием...»

Телефонистка 17 лет: «...Она – творческая натура. Сама жизнь вдохновляет ее, и тогда она работает: пишет стихи, сочиняет музыку и т.п...»

Безработная 18 лет: «По характеру она – деловая женщина, хотя ее работа может не иметь ничего общего с предпринимательством. Она может быть учительницей, стюардессой, переводчиком. Свободного времени имеет как раз столько, сколько нужно для того, чтобы отдохнуть и не заскучать...»

Идеальная женщина, по их мнению – это прежде всего работающая женщина, причем работающая с увлечением и самоотдачей. Девушки этого типа в массе своей демонстрируют тенденцию к переоценке значимости традиционно женских ролей, принятых в обществе. Процесс этот в действительности очень сложен и протекает не без потерь как для женщин, так и для мужчин.

Вопросы:

1. Что девушки этого типа считают своим абсолютным приоритетом?
2. Чего ищут в работе студентка, телефонистка и безработная?
3. Как они представляют себе идеальную женщину?
4. Какие потери наблюдаются в процессе переоценки традиционных женских ролей?

4.4.4 Домашний быт

Материал нашего исследования показывает, что сами девушки с трудом отдают себе отчет в происходящих в их сознании переменах.

Сюжеты ситуативного интервью, связанные с организацией домашнего быта, воспринимались нашими респондентками весьма позитивно. Девушки с энтузиазмом откликались на просьбу описать, например, типичное с их точки зрения, поведение женщины после окончания трудового дня. Одним из условий развития сюжета было присутствие мужа в ее жизни. Предполагалось также, что брак удачный и между супругами существует полное взаимопонимание. В обобщенном виде картина получилась следующая:

«...Ее дом ничем не напоминает гастрономический магазин. Обедать и ужинать она предпочитает в уютном ресторанчике, недалеко от своего офиса. Это и понятно: домой ей не удастся вернуться до позднего вечера, ведь столько дел на работе надо еще успеть сделать! Ее всепонимающий муж, если тоже не занят, нередко составляет ей компанию... Конечно, она прекрасная хозяйка и очень любит готовить. Поэтому, когда в дом приглашаются близкие друзья, она может себе позволить с упоением повозиться на кухне и блеснуть перед гостями искусным приготовлением нескольких экзотических блюд...»

Иными словами, в ценностных установках[16] респонденток фактически запрограммирован мужской подход к обустройству быта.[17] Именно поэтому девушки не связывают свое ожидаемое будущее, скажем, с такой перманентной функцией российских женщин, как повседневное приготовление еды в семье, покупка продуктов, не терзают себя вопросами типа: «Чем я буду кормить сегодня мужа?»

Характерно, что дом в интерпретации девушек всегда оказывается полупустым – красивым, уютным, но не населенным родными и близкими людьми. Дом для них – место личного отдыха, причем недолговременного. Основная жизнь протекает вне его рамок, домашняя жизнь как традиционная система ценностей в жизни женщины не просто отходит на второй план, уступая место профессиональной карьере, – происходит девальвация этой системы в ментальности молодых российских девушек инициативного типа. Все, что связано с внутренним миром домашней жизни, лишено для них перспективы развития, более того, препятствует их движению вперед и, в конечном счете, – выживанию в жестких условиях сегодняшней российской реальности. Сильное рациональное начало в их психическом складе заметно раскрепощается в экстремальной ситуации борьбы за выживание, нарушая сформированный предыдущими поколениями баланс стереотипов мужского и женского поведения.

Вопросы:

1. Какие сюжеты ситуативного интервью предлагали девушкам?
2. Какой сюжет они приняли с энтузиазмом?
3. Каковы были условия развития сюжета?
4. Какая картина получилась?
5. Как автор называет описываемый здесь подход к обустройству быта?
6. Какие функции здесь отсутствуют?
7. Каким девушки представляют свой дом?
8. Насколько важна для «девушек инициативного типа» домашняя жизнь?
9. Как это связано с условиями сегодняшней российской реальности?
10. Какое начало в психическом складе девушек автор считает особенно важным в такой ситуации?

4.4.5 Психологическая драма

Традиционный полоролевой баланс в России просуществовал дольше, чем во многих западных странах. Даже в советское время патриархальные установки[18] в жизни общества были весьма сильны. Это обстоятельство и составляет психологическую драму наших респонденток.

Не будучи способными – в силу своих личностно-психических особенностей – смириться с консервативностью традиционной «домашней жизни» и интуитивно ощущая глубинную неприкасаемость этой консервативности, которая менее, чем в какой-либо другой сфере жизни, подвластна обновлению, девушки данного типа практически «вычеркивают» ее из своей системы идеалов.

Внутренняя раздвоенность, духовная дисгармония – вот основные проблемы женщин выделенной нами группы. При этом конфликт обычно происходит на глубинном психологическом уровне и выражается в несоответствии сознательных и подсознательных установок женщины.

С чем же связан этот подсознательный уход от женственности? Ориентация «на женственность» сталкивается с реальной жизненной ситуацией в нашем обществе, где для выживания большинство женщин вынуждены работать наравне с мужчинами.

Прибавим к тому большое число разводов, когда ребенок остается с матерью. Это вынуждает женщину ориентироваться на успех в «делании карьеры». Ясно, что в современном социуме именно такая активная деловая женщина имеет значительно больше шансов выжить и благополучно вырастить детей. Именно жесткость современной социально-экономической обстановки, а не особый психологический склад души российской женщины формирует в ней такие качества (а именно на них в первую очередь обращают внимание иностранные исследователи), как авторитарность, резкость, гиперопека[19] над детьми и т.д. В процессе их жизни постепенно происходит девальвация тех ценностных установок, которые рассчитаны на развитие позитивных контактов с мужчинами.

«НГ»

Вопросы:

1. Что авторы говорят о традиционном балансе половых ролей в России и в СССР?
2. Почему девушки не могут смириться с консервативностью традиционной «домашней жизни»?
3. Что они интуитивно ощущают?
4. Какой выход они находят?
5. Какую проблему авторы считают основной?
6. От чего происходит уход?
7. Почему, по мнению авторов, он происходит?
8. Что еще вынуждает женщину ориентироваться на успех в «делании карьеры»?
9. На какие качества современной российской женщины обращают внимание иностранные исследователи?
10. Как это затрагивает интересы мужчин?

4.5 И КАРЬЕРИСТКИ, И ДОМОХОЗЯЙКИ

В Институте социологии РАН состоялся семинар «Российская женщина в условиях социального перелома», посвященный обсуждению исследования с тем же названием. Уникальность сегодняшней ситуации, считают его авторы, состоит, в частности, в том, что социальная политика ориентирована на некую абстрактную «женщину», и соответственно не приносит ожидаемых результатов. В то же время в настоящий момент можно выделить несколько больших групп женщин, чьи интересы и жизненные устремления похожи. Среди них:

– «карьерные женщины» – желающие расти профессионально и работать полный рабочий день. Их оказалось 5,3% среди замужних и 5,8% среди незамужних женщин.

– «профессионально ориентированные женщины» – желающие делать карьеру, работая неполный рабочий день. Их оказалось 26,1% и 48% соответственно.

– «работающие матери» – не желающие делать карьеру и выбирающие режим неполного рабочего дня. Их оказалось 35,3% и 38,5% среди замужних и незамужних женщин.

– «домашние хозяйки» – не желающие делать карьеру и предпочитающие не работать вообще – соответственно 33,3% и 7,7%.

Совершенно очевидно, что эти группы по-разному способны реагировать на стимулы и возможности, предоставляемые системами профессиональной подготовки, переквалификации, бизнес-курсов и т.п., и существенно различаются в характере и объеме потребностей в социальной поддержке.

Для успеха социальная политика по отношению к женщинам должна быть гораздо более дифференцированной, что, помимо всего прочего, позволит избежать непродуктивных затрат. Однако для такой дифференциации необходима не только научная методическая база, но и определенная реорганизация работы местных центров занятости и социальной поддержки, большая профессионализация их деятельности.

«НГ»

Вопросы:

1. Что обсуждали на семинаре в Институте социологии Российской Академии наук?
2. Почему, по мнению авторов исследования, социальная политика по отношению к женщинам не приносит ожидаемых результатов?
3. Какие конкретные интересы объединяют «карьерных женщин»?
4. Что характерно для группы «профессионально ориентированных женщин»?
5. Чем отличаются «работающие матери»?
6. Какое название дали группе женщин, которые предпочитают не работать вообще?
7. Для кого важно знать различия между этими группами?
8. Какой должна быть социальная политика по отношению к женщинам?

4.6   РАЗМЫШЛЕНИЯ БУДУЩЕЙ ДОМОХОЗЯЙКИ

Вот уже три года (пролетели как один день), как я покинула стены родного кардиологического центра под теплые слова коллег и начальников. Я – молодой специалист, врач-кардиолог, уходила «в долгосрочный отпуск» (как выразилась наша зав. отделением), или «в декрет», как говорили другие, короче, уходила рожать ребенка.

Уходя, я заверила всех, что вернусь к работе при первой возможности, ну в крайнем случае через полтора года, а то и раньше. Так я и сама тогда думала. Как же я была наивна!

Отдать беспомощное полуторагодовалое существо, которое даже на горшок не умеет садиться, в ясельную группу детского сада моя рука не поднялась. Так уж вышло, что кроме меня в нашей семье сидеть с ребенком некому – единственная бабушка моей дочки еще не достигла пенсионного возраста, полна творческих планов, да и зарабатывает раза четыре больше меня. Нет, я не сдалась сразу, я решила найти няню, обзвонила несколько «фирм» по газетам, узнала, что минимальная ставка няни больше моей зарплаты.

«Ничего, посидишь до трех лет, – успокаивали друзья и знакомые, – твое место по закону сохраняется за тобой.

И вот он близится, тот самый день, когда моей дочери стукнет три. Сходив в ближайший детский сад, узнаю, что работает он с 8.30 утра до 16.30. До любимого кардиоцентра ехать не близко – 1,5 часа в один конец, а рабочий день у меня с 9 до 16. Значит, продолжать научно-медицинскую карьеру мне не судьба – опаздывать ежедневно на час да еще уходить при этом на час раньше никто не позволит.

Можно устроиться на работу в ближайшую поликлинику – если бежать бегом до детского сада – буду успевать вовремя. Правда, зарплата еще меньше, чем в кардиоцентре.

Мой муж неплохо зарабатывает, во всяком случае мои копейки наш уровень жизни принципиально не изменят. Муж будет только рад, если после трудового дня его встретит дома ласковая соскучившаяся за день жена и накрытый заранее стол, а не усталая, только что прибежавшая с работы мегера и немытые с завтрака тарелки.

Конечно, прощание с любимой профессией будет стоить мне нескольких бессонных ночей: 6 лет учебы в институте, 2 года ординатуры, 4 года стажа практической работы – и все псу под хвост.[20]

Я вспоминаю свою маму – вечно уставшую, нервную, разрывающуюся между горой нестиранного белья и стопкой непроверенных сруденческих тетрадей. Моя мама защитила кандидатскую,[21] когда мне было два года; но это она говорила мне когда-то с печальным вздохом: «Женщине не нужно работать, ну, может, для себя – на полставки, не для карьеры и не для денег». Говорить-то говорила, но сама умерла в 60 лет не на пенсии. Дело тут и не в деньгах – отец мой тоже зарабатывал достаточно, чтобы прокормить семью, и неплохо. Он считал, что мама на работе реализует свои способности, выражает себя. А мне казалось, что в глубине души мама плевать хотела на свои способности, просто она очень боялась услышать что-то вроде «сидишь дома, а полотенце грязное, обед невкусный, и вообще, куда ты деваешь деньги, которые я зарабатываю?» А может быть, я приписываю маме мои собственные мысли?

Итак, стану профессиональной домохозяйкой, воплощу в жизнь мечты моей мамы и многих других женщин. Наведу в доме уют и порядок, может быть, даже научусь печь пироги. А когда дочка подрастет и появится свободное время, буду делать красивые прически, маникюр, может быть, даже пойду заниматься на тренажерах,[22] улучшать свою фигуру... Можно, конечно, придумать какое-нибудь более интеллектуальное занятие – например, учить английский язык.

Можно еще научиться шить, вязать или вышивать цветочки... Нет, тоска! Значит, остается все тот же замкнутый круг – в магазин за продуктами, потом готовить, потом мыть посуду, убирать со стола, помыть пол, постирать... опять в магазин... опять все по новой. В перерывах для снятия стресса потрепаться[23] с соседкой у магазина или с подругой по телефону.

А вдруг мой муж останется без работы или заболеет, не дай бог? Ясно, что врачом меня уже не возьмут: врач несколько лет без практики – уже не врач. Конечно, в этом случае я пойду на любую работу, только кому я буду нужна – дама за 30,[24] которая ничего не умеет, ничего не знает, кроме медицины, да и ту уже забыла? В лучшем случае меня отправят за гроши мыть подъезды,[25] а то и чего похуже.

А может быть, ничего не случится и я благополучно доживу в домохозяйках до своей законной пенсии – благо минимальная пенсия теперь полагается всем, независимо от того, работал ты или нет и сколько, даже бомжам, говорят, пенсии платят. [26]

На этой оптимистической ноте заканчиваю свои размышления. Сестры домохозяйки, начинающие и со стажем, а также работающие женщины-героини, откликнитесь! Я попрежнему стою на распутье, может быть, кто-нибудь укажет мне на ошибки в размышлениях и укажет верный путь. Жду!

«НГ»

Вопросы:

1. Как автор оказалась в «долгосрочном отпуске»?
2. Сколько времени она собиралась в нем быть?
3. Почему полтора года спустя она не отдала дочку в детские ясли?
4. Почему кроме нее с ребенком сидеть было некому?
5. Чем кончились поиски няни?
6. Что она узнала, сходив в ближайший детский сад?
7. Какой вывод она была вынуждена сделать и почему?
8. Есть ли у нее другие возможности устроиться на работу?
9. Каков уровень жизни ее семьи?
10. Что было бы выгодно для мужа?
11. Какая жизнь была у ее матери?
12. Что она говорила дочери о работе?
13. Как относился к карьере жены отец автора?
14. Какие страхи приписывает матери автор?
15. Какие преимущества жизни домохозяйки она себе представляет?
16. О каком замкнутом круге она говорит?
17. Что может угрожать этой жизни?
18. Почему, как она выражается, врачом ее уже не возьмут?
19. Что ее тогда ждет?
20. К кому и за чем она обращается, кончая свои «размышления»?

4.7 СТРАШНО ПОТЕРЯТЬ СЕБЯ
Размышления бывшей домохозяйки

В статье «Размышления будущей домохозяйки» женщина размышляет, что ей делать: выходить ли после рождения ребенка на работу и рваться за копейки или осесть дома и наслаждаться домоуправительством.[27] Слов нет, хорошо, когда в намытом[28] доме пахнет пирогами и улыбающаяся мама с ухоженным малышом неторопливо идет гулять в близлежащий скверик. Картинка с тематической выставки[29] «Счастливое материнство».

Но картинка – картинкой, а жизнь – жизнью. И если вы спросите любую домохозяйку, даже по видимости самую благополучную (нормальный муж, хорошие дети, достаток и т.д.), счастлива ли она, та задумается и надолго.

Каждые родины и время первичного ухода за ребенком – медаль о две стороны: область сердца и так называемой души несказанно разрастается, а область мозга и связанная с ней деятельность – несказанно ужимается. Из-за монотонности выполняемых операций (особенно на ранней стадии выращивания ребенка) женщине требуется немало характера, труда и обстоятельств, чтобы привести себя потом в деятельное, общественное, трудоспособное состояние. Можете поверить женщине, воспитавшей троих детей.

В советское время в большинстве случаев (уж такие были моды да и личные обстоятельства) надо было работать. Сейчас другое время – другие песни. Мужу удалось пристроиться к новой жизни. Жена может позволить себе сидеть дома. Не спеша утром-днем встала, не спеша вкусно поела, не спеша пошла она по рынкам и магазинам: сначала по вещевым, потом по продуктовым, и все-то у нее с толком, и все-то с расстановкой. Хорошо, позавидует одна, спаси Господи, скажет другая. И каждая будет права. А я скажу: послушайте! Не сразу, а со временем от этого «не спеша», от этой свободы и отсутствия необходимости напрягать мозги, нервы, эмоции, возможности общаться с разными людьми домохозяйке становится очень мало что интересно в этой жизни. Однообразие, наезженная колея, сужение интересов до минимума (что, почем купить, что и как сварить) делают свое черное дело. Просмотры сериалов не возмещают потерь.

Со временем прошла признательность чад и домочадцев за ее домашний подвиг (бросила все ради семьи), все привыкли к чистоте, пирогам и наглаженным вещам. Уже терпят ее излишнюю, какую-то виноватую суету вокруг их отбытия в большой мир, с ней расстаются, целуя в щеку, с радостью и облегчением, осознавая, что впереди у них длинный день производственных дел и встреч, а у нее рынок и кастрюля.

Она отчетливо видит, что она никто и звать ее никак, а конкретно – домохозяйка. В один прекрасный момент замечает, что, несмотря на высшее образование, она общается с чужими людьми как-то с трудом и зачастую толком не может сформулировать простейшую мысль. Лексикон ее обеднел до предела, упростился до пареной репки,[30] она располнела,[31] вещей новых и не надо, ходить особенно некуда.

Домохозяйке никто особенно не интересен, и она со временем становится неинтересна никому, даже собственному мужу и детям. «Человек одинок, когда он неинтересен сам себе», – умно и в точку сказано кем-то из великих. Она отчетливо видит – она одинока. У домохозяйки вроде все хорошо, но отчего же так плохо?

Трудное время на дворе, что говорить. Женщине после сорока тяжело прилепиться к производственной жизни. Но если есть хоть какая-то возможность перетряхнуться[32] и выйти в люди и хоть за 2 копейки, но – работать, считайте, что вам повезло. Поверьте мне, воскресшей после домработницкой смерти.

Выходить на люди, напрягать мозги, бояться чего-то не понять, делать хоть маленькое, но дело, что-то осваивать новое, казавшееся недосягаемым (компьютер, например, вождение автомобиля), толкаться среди таких разных людей, обдаваться их жизнью,[33] сочувствовать, кого-то ненавидеть, справлять с сослуживцами праздники, ругаться, терпеть обиды от начальника, подлаживаться к его специфическому характеру, распекать[34] своих подчиненных, уже сквозь густо накрашенные ресницы сочувственно посматривать на бледных подруг – домохозяек, страстно хотеть купить какую-то тряпку, нацепить на себя[35] и радоваться, что это кого-то проняло или достало...[36] В общем – жизнь, грешная, конечно, но живая, настоящая жизнь обыкновенных людей.

Не скажу, что иду на работу каждый день как на праздник, не скажу. Люблю, как водится у приличных людей, и поныть: «Как же мне все это осатанело...»[37] Но в глубине души я понимаю, какой роскошью я обладаю.

«НГ»

Вопросы:

1. С чего начинает свои «размышления» бывшая домохозяйка?
2. Из чего состоит картинка «Счастливое материнство»?
3. Что происходит с женщиной, когда она рожает ребенка и начинает ухаживать за ним?
4. Для чего потом требуется немало характера и труда?
5. Что может позволить себе женщина, муж которой преуспел в сегодняшней России?
6. Что, по мнению автора, в такой жизни отсутствует?
7. Как сужаются интересы женщины?
8. Как к ней начинают относиться ее дети?
9. Что с ней происходит, несмотря на высшее образование?
10. Что автор считает причиной одиночества домохозяйки?
11. Легко ли немолодой женщине вернуться в производственную жизнь?
12. Как автор рассматривает свое собственное возвращение?
13. Что значит для нее «выходить на люди»?
14. Какая это жизнь?
15. Ценит ли автор такую свою жизнь?

4.8 ЗАПИШИТЕ МЕНЯ В ФЕМИНИСТЫ!

Принято считать, что наша страна стремится в последние годы наверстать упущенное за время «железного занавеса» и приблизиться к западным странам, освоить многие из американских и европейских ценностей. А там уже давно и активно идет дискуссия о феминизме. Однако у нас пока о нем известно довольно мало. Думаю, процентов 90 наших сограждан уверены, что это нечто ужасное и никакого отношения к нашей жизни не имеющее. Дескать, феминизм – это когда женщины делают то же самое, что и мужчины, то есть кладут шпалы, ходят с отбойным молотком наперевес и стреляют из винтовки. Представьте теперь ужас на лице юной девушки, когда она слышит о равноправии женщин, – ей сразу мерещится бесформенная масса неопределенного пола с огромными ручищами и стальными кулаками.

Ясно, что она такой стать не хочет. Она готова всю жизнь служить рабыней и тенью мужчины, лишь бы сохранить свою красоту. Ведь красота так важна для любой женщины! А она не согласится платить за равноправие потерей успеха у мужчин. А именно это, если верить нашим СМИ,[38] ожидает самостоятельную гражданку.

Теперь о том, о чем авторы статей и телепрограмм обычно не говорят. Феминизм действительно предполагает равные права и возможности, но на всех уровнях и во всем. Не только равный старт при приеме на высокооплачиваемую работу, но и равноправие в семье. В нашем обществе этого нет. Наши женщины бегут сломя голову с работы домой, где их ждет у «ящика» беспомощный и голодный муж в ожидании ужина и обихода. Попробуй не вовремя подать котлету или плохо выгладить его брюки! Ни о каком взаимном уважении и речи быть не может. Но у такой ситуации есть и оборотная сторона, не менее печальная: попытайся муж заявить свои собственные права, скажем, на воспитание детей – он тут же получит по рукам. И уж не дай бог развестись – он вполне может лишиться и самой возможности видеть собственного ребенка.

Еще один миф о феминизме связан с расхожим мнением,[39] согласно которому самостоятельные дамы, и тем более руководительницы, обречены на одиночество. Уверяю вас, это абсолютная ложь! Именно к таким, уверенным в себе, добившимся успеха (а значит, способным вдохновить и других на успех), и тянутся. По крайней мере могу это сказать о своих сверстниках, которым около 30. И дело не в том, что удачливая жена сразу задаст высокий материальный уровень семьи. Просто с такими женщинами интересно. И поэтому к ним уходят от домохозяек. И напрасно домохозяйки надеются на то, что к ним вернутся, соскучившись по «образцовому обслуживанию», – не вернутся. Потому что нормальному человеку нужна не кухарка и уборщица, а собеседник и друг, а бытовые проблемы можно решить сообща, если тем более есть достаток.

Мне кажется, сейчас просто жизненно необходимо изменить традиционное мнение о «предназначении мужчин и женщин», которое усиленно навязывается рекламой, а то и нашими политиками. Один из них говорит: «Работа для женщины – это хобби, основная ее специальность – это семья». Он унижает этим не только женщин, считая их, видимо, неспособными к серьезной работе, но и мужчин, как бы вычеркивая семью из наших жизненных приоритетов. Я бы предложил нашим политическим партиям и движениям обратить больше внимания на роль мужчины и женщины в семье, на важность гармонии, основанной на подлинном равенстве, именно в такой семье и могут вырасти по-настоящему свободные граждане.

Время пахоты на лошадях и стирки в проруби ушло в недра истории. Мы живем в современном, индустриальном мире, в котором феминизм как идеология подлинного равенства обретает все большее значение как для женщин, так и для мужчин. Даже та семья, в которой жили наши родители и воспитывали нас, нашему поколению мало подходит – не потому, что это была советская семья, а потому, что сохранила слишком много от старого, крестьянского быта, не учитывая того обстоятельства, что женщины помимо ведения хозяйства обязаны были трудиться на производстве и в учреждениях.

Закончить эти заметки я бы хотел обращением к совсем молодым девушкам: не бойтесь феминизма, не ленитесь учиться, делать карьеру, добиваться успеха, который лишь прибавит шарма вашей природной привлекательности, не бойтесь стать самостоятельными. Не забывайте о том, что мужчины тянутся к удачливым и сильным.

«НГ»

Вопросы:

1. Каким образом, по мнению многих, Россия стремится наверстать упущенное за годы «железного занавеса»?
2. Что думают о феминизме в России?
3. О какой плате за равноправие здесь идет речь?
4. Как автор доказывает, что в России нет равноправия в семье?
5. Что, согласно одному из мифов о феминизме, угрожает самостоятельной женщине?

6. Почему, по мнению автора, мужчины тянутся к удачливым женщинам?
7. Почему надежды брошенных домохозяек напрасны?
8. Что говорит один из политиков и кого он этим унижает?
9. Почему поколению автора не подходит семья прошлого?
10. Каким призывом автор заканчивает свои заметки?

4.9 ПОМОЩЬ СЕМЬЯМ

Наталью Васильевну Васильеву в Пскове узнают на улице. На автобусной остановке, в магазине, в коридорах областных учреждений, не стесняясь, подходят мужчины и женщины самого разного возраста – те, кому нужна помощь и кто отчаялся ее получить. Кому-то необходимо срочно проконсультироваться с юристом, у кого-то муж запил, а кому-то не на что купить кроссовки для детей. Недавно обратилась женщина: три дня в доме ни крошки, сын сдает выпускные экзамены и едва не падает в голодный обморок. Ей собрали набор продуктов на период экзаменов, и практически всем, кто обратился в Псковский женский социальный центр, который создала и возглавила три года назад Наталья Васильевна, тоже помогли – кому советом, кому детской одеждой, а кому и возможностью освоить новую профессию. За все это время в центре побывали – и многие сохранили с ним долгие отношения – пять тысяч человек. Это значит – пять тысяч семей. Потому что главная забота центра, его основная идея и предназначение – поддержка семьи.

– Почему мы женский центр? Дело в том, что несколько лет назад я участвовала в исследовании, посвященном влиянию реформ на семью, и результаты его со всей очевидностью показали, что главная опора семьи, по крайней мере в Псковской области, – именно женщина. Ей приходится выкручиваться и экономить, хранить домашний очаг, думать о работе для себя и мужа, об образовании детей. Ее спокойствие – залог стабильности семьи. К сожалению, очень многие почувствовали себя в последние годы растерянными. Самая главная проблема – это бедность. Она напрямую связана с безработицей, которая влечет за собой, как показало исследование, резкое усиление случаев жестокого обращения с близкими. Увы, домашнее насилие – наша повседневность, и страдающим от этого зла было практически некуда пойти и не с кем посоветоваться. Очень страшно и то, что у многих женщин в борьбе с трудностями ежедневной жизни опустились руки. Псковитянки,[40] как и все россиянки, привыкли жить непросто, но отсутствие надежды – это самое страшное. Мы, несколько человек самых разных профессий, решили объединиться, чтобы сообща попытаться найти возможности выхода из сложившейся ситуации и помочь другим. К нам стали приходить другие люди, мы проводили благотворительные акции в помощь малоимущим, встречи с многодетными семьями, создали небольшую школу надомного труда. Это казалось и тогда и сейчас самым важным. Подарки и ношеные вещи можно предложить раз и два, а возможность нового заработка остается надолго и помогает решить сразу множество проблем.

Работа в центре начинается с раннего утра. Расписание жесткое, иначе не успеть сделать все необходимое. Опытный педагог, Наталья Васильевна старается поддержать «боевой дух» коллег. Дел у них невпроворот. Например, убедить местного предпринимателя выделить бесплатную партию детской обуви для сельских районов, где «живых денег»[41] работники совхозов не получают годами. Организовать бесплатное питание и подарки для детского приюта. Договориться о поездке в Печорский район, где их давно ждут, подготовиться к встрече детей из многодетных семей. Плюс ежедневный прием посетителей, телефонные звонки, и за каждым – судьбы многих людей.

Каждую неделю ведут бесплатный прием посетителей юрист, психолог-консультант, представитель МВД, работает телефонная «горячая линия» по проблемам домашнего насилия. Сотрудник Высшей школы МВД Владимир Сапогов очень горд тем, что стал первым мужчиной в совете центра. Он молод и верит в то, что защита интересов семьи станет приоритетом государственной политики России. Верят в это молодые юристы и психологи, бухгалтеры и закройщицы – активисты и сотрудники центра. Результаты их трудов очевидны: чей-то разваливающийся брак удалось сохранить, чьи-то дети продолжили обучение в школе, для кого-то удалось получить жилье... Большинство из них работают в центре бесплатно – по их признанию, потому что уже не могут иначе, они привыкли приходить сюда, где их помощь и совет крайне необходимы. И еще они верят в будущий успех.

К примеру, руководитель проекта «Надомный труд» Ирина Едгарова вынашивает замысел ярмарки изделий народных промыслов[42] (и одна такая ярмарка недавно уже состоялась, туристы раскупили сувениров на 5 тыс. руб. – огромные по местным масштабам деньги), а руководитель швейной мастерской Татьяна Котешова мечтает о собственном Доме моделей. И все вместе они полагаются на то, что программа по развитию малого и семейного бизнеса, которая уже существует не только в умах, но и в документах, принесет им удачу и что в надомных мастерских, мелких фермерских хозяйствах многие их земляки найдут работу.

«НГ»

Вопросы:

1. Какой центр создала Наталья Васильевна Васильева?
2. Как возникла идея создания центра?
3. Почему Васильева считает, что главная опора семьи – именно женщина?
4. Как женщина почувствовала себя в последние годы?
5. Что, по мнению Васильевой, здесь самое страшное?
6. Почему она считает школу надомного труда самым важным достижением центра?
7. Из чего состоит повседневная работа центра?
8. Какие специалисты в нем работают и что они делают?
9. Почему они работают здесь бесплатно?
10. Какие у них замыслы и мечты?

4.10 КОГДА МУЖ БЕЗРАБОТНЫЙ

4.10.1   Женская безработица

Несколько лет назад родилось хлесткое определение – «у российской безработицы женское лицо». Действительно, первая же перепись безработных в 1992 году показала, что больше 70% всех уволенных – женщины. Психологи и медики забили тревогу: участились попытки суицида, начались массовые нервные расстройства, конфликты в семьях. Госструктуры и женские организации начали создавать курсы переквалификации, ярмарки рабочих вакансий, обучающие семинары, школы семейного бизнеса.

Женская безработица по-прежнему остается высокой, хотя ее процент и несколько снизился за последнее время. Жертвы рыночных реформ уже начали адаптироваться к новой ситуации. Кто-то успел устроиться в частную фирму, кто-то освоил смежную профессию,[43] кто-то открыл собственное дело. Пусть со слезами, с потерей статуса и квалификации, но многие женщины нашли новый заработок и некоторые даже преуспели.

Время обозначило другую проблему, к которой наши соотечественницы оказались еще менее подготовленными: во многих семьях остались без работы мужчины. Иной раз такая ситуация становится угрозой для самого существования семьи.

Вопросы:

1. Какая была начальная реакция на женскую безработицу?
2. Как женщины стали адаптироваться к новой ситуации?
3. Какая другая проблема появилась у них?

4.10.2   «Наконец я его выгнала»

«Я ему так и говорила – ты муж, должен быть добытчиком, – рассказывала Вика. – Мы когда поженились, он учился в Гнесинском,[44] подавал надежды. Я даже курсы английского языка закончила, думая, что буду с ним на гастроли ездить, пресс-конференции переводить. Вообще начиналось хорошо. Его родители, геологи, нам кооператив купили,[45] гости к нам ходили каждое воскресенье, я красиво накрывала на стол...» После института муж Вики поступил в оркестр, получал немного, помогали родители, пока не заболели. Вика сердилась, что он не хочет подрабатывать ночью в ресторане, не хочет уехать за границу и оставить парализованную мать. По специальности (библиотекарь) она не работала ни дня – родилась дочка, потом она устроилась в бюро переводов надомницей,[46] позже удалось найти место референта[47] в западной фирме. Оркестр к тому времени распался, муж подрабатывал уроками, а Вика все больше злилась, что он берет с учеников мало, что не может ей обеспечить такой жизни, какой она достойна. С работой у мужа Вики все не ладилось, и Вика подала на развод. Родители и подруги поддержали такое решение: «Ты молодая, красивая, найдешь нормального человека, не этого нахлебника». «И наконец я его окончательно выгнала».

В аудитории, где Вика рассказывала о себе (а это было во время одного из семинаров по переквалификации безработных женщин), многие были с ней солидарны. «Зачем терпеть такого мужа, который ничего не приносит в дом?» – так примерно звучало общее мнение. Лишь немногие его не разделяли. Одна из них – Мария Ивановна.

<u>Вопросы:</u>

1. Как начиналась совместная жизнь Вики и ее мужа?
2. Какие проблемы возникли у них после института?
3. Почему Вика злилась на мужа?
4. Почему родители и подруги Вики поддержали ее решение подать на развод?
5. Где Вика рассказывала о себе?
6. Как воспринимали ее рассказ?

4.10.3   «Сделаю все, что в моих силах»

Мария Ивановна поверила в своего мужа с первой минуты их знакомства. Ей казалось, что он совершенно необыкновенный человек, только не все это замечают. Они вместе учились в институте: она, отличница, помогала ему, середняку, в учебе, готовить курсовые. [48]

По распределению оба попали в КБ,[49] конструировали самолеты. Там Василий Петрович (мужа она называет непременно по имени и отчеству) быстро завоевал авторитет как отличный специалист, участвовал в подготовке новых разработок. В тридцать лет защитил диссертацию, в тридцать пять заведовал лабораторией. Мария Ивановна работала, воспитывала двоих сыновей, заботилась о доме, как все трудящиеся женщины нашей «оборонки».[50] Как все они, долго не могла поверить, что ее, отличного работника, могут сократить. На курсы бухгалтеров пошла вместе с подругой, «чтобы меньше времени было переживать». Когда она уже работала в одном из частных банков, лабораторию Василия Петровича закрыли. Многие сотрудники, как и он, не могут найти работы до сих пор. Как у многих, у него начались в это время проблемы со здоровьем. «Страшно переживал, чуть ли не в вахтеры хотел идти, но я не пустила. Решили, что моей зарплаты как-нибудь хватит. Он ученый, пусть пишет статьи по математике, когда-нибудь он будет нужен. Начал сотрудничать с научным журналом, в школе сына открыл клуб юного математика, готовит способных ребят к вступительным экзаменам бесплатно. А самое главное – оказалось, что он прекрасный хозяин. Пироги научился печь, на кухню меня теперь не пускает. А раньше я все сама делала, даже дырки в стене дрелью сверлила. Так что у нас теперь все наоборот. И ничего страшного, дети только рады, он с ними все время проводит. Это, конечно, временно. Я сделаю все, чтобы помочь ему пережить этот период, все, что в моих силах. Главное – наша семья осталась крепкой и дружной».

Вопросы:

1. Как относится к мужу Мария Ивановна?
2. Кто из них быстро сделал карьеру и как?
3. Что делала Мария Ивановна, когда стала безработной?
4. Что произошло, когда закрыли лабораторию мужа?
5. Какое занятие он нашел?
6. Что Мария Ивановна считает в этом самым главным?

4.10.4   Экономика против стереотипов

«Современная семья переживает период переходный, – считает автор многих исследований семьи историк Мария Котовская, сотрудник лаборатории этногендерных исследований Института этнологии РАН, – и не только в России. Во многих странах совершается переход от традиционной патриархальной семьи к семье эгалитарной, адекватной модернизированному обществу. Эта семья характеризуется прежде всего равноправными партнерскими отношениями супругов, которые руководствуются в принятии решений, в том числе и при распределении ролей в семье, интересами самой семьи, а не стереотипами, предписывающими определенные роли мужчине и женщине (гендерные стереотипы). Семья может решить, скажем, что жена какое-то время будет воспитывать детей, а муж трудиться на трех работах, или наоборот – это их собственное решение. У нас очень часто оказывается так, что мнение старших родственников или окружающих диктует супругам четко обусловленные роли. Скажем, мужчина должен быть добытчиком, а женщина – беречь домашний очаг. Но у нас немало мужчин, которые с удовольствием проводили бы больше времени с детьми. Почему женщина может реализоваться в семье, а мужчина такого права не имеет? Тем более если его жена – работоман и такая ситуация их обоих устраивает? Мне кажется, надо больше говорить о праве каждой семьи решать свою жизнь по-своему, это спасло бы и многие семьи, и просто помогло бы многим стать счастливее. Время патриархальной семьи, безусловно, ушло в прошлое, невозможно его вернуть. Да и экономическая ситуация этого просто не позволяет. Если кто-то из супругов оказался без работы, это испытание для семьи, требующее большого терпения и взаимопонимания».

Практика последних лет свидетельствует о том, что, как ни странно, именно женщине сегодня легче получить новую работу. И потому что она готова на менее престижный труд, и потому что на некоторые «новые» места – секретарей и переводчиков, к примеру, – предпочитают брать женщин (был случай: выпускник МГУ с двумя иностранными языками хотел устроиться секретарем, и в десяти фирмах получил отказ – нужно было «женское лицо»). Но главная причина в том, что женщины в принципе быстрее адаптируются в стрессовых условиях. Это хорошо знают работники службы миграции[51] – вынужденные переселенки быстрее осваиваются на новом месте, обустраивают дома, находят работу, пока мужья пьют с горя или пытаются справиться со стрессом другим путем. Это факт, который нужно понять и не искать виноватых. Как факт и то, что в основном от женщины зависит, сохранится ли семья, в которой муж безработный.

Лично мне кажется, что и это испытание наша семья выдержит. Во-первых, женские плечи, на которых она в основном держится, достаточно крепкие. Во-вторых, здравый смысл и практическая сметка, присущие женщинам, помогут найти выход. И, наконец, быть может, то непривычное «перераспределение ролей», к которому волей-неволей приходит семья в этом случае, поможет преодолеть кризис, о котором лет тридцать твердят специалисты. Поменявшись на время местами, люди будут иметь возможность лучше понять друг друга, найти единственный, собственный путь строительства своего собственного дома.

«НГ»

Вопросы:

1. О каком изменении говорит здесь Мария Котовская?
2. Как она описывает эгалитарную семью?
3. Что мешает семьям принимать собственные решения?
4. Как здесь мог бы выиграть мужчина?

5. Почему именно женщине сегодня легче получить работу?
6. Что, по мнению автора статьи, поможет российской семье выдержать испытание безработицей мужа?

Notes:

---

[1] ходить по струнке – here, to walk the straight and narrow

[2] The authors of this text, Ирина Медведева and Татьяна Шишова, are psychologists, members of the Foundation for the Social and Mental Health of Family and Child – Фонд социально-психического здоровья семьи и ребенка.

[3] содомские грехи – sodomy, homosexuality

[4] педалировать – to harp on

[5] неоязычество – neo-paganism

[6] «ветхий человек» – ancient, natural man

[7] смалодушничать – to act in a pusillanimous manner, to be faint-hearted

[8] The author of this text, Валерий Червяков, is director of the Institute for International Studies of the Family – Институт международных исследований семьи.

[9] Reference to the micro-census conducted in 1994 in all regions with the exception of Chechnya.

[10] ВЦИОМ – Всесоюзный (Всероссийский) центр изучения общественного мнения – the All-Union (subsequently All-Russian) Centre for the Study of Public Opinion.

[11] Reference to incremental reduction in the life expectancy of men between 1965 and 1985, a process which was arrested in 1985–87 when alcohol consumption fell due to restrictions on sales introduced by Mikhail Gorbachev, but resumed subsequently.

[12] The pensionable age is 60 for men and 55 for women.

[13] Reference to tax avoidance which was endemic in Russia in the 1990s.

[14] The authors of the article, Мария Котовская, Наталья Шалыгина and Мария Золотухина, are research fellows at the Institute of Ethnology and Anthropology of the Russian Academy of Sciences – Институт этнологии и антропологии РАН.

[15] жизненные установки – outlook on life

[16] ценностные установки – values

[17] обустройство быта – domestic arrangements

[18] патриархальные установки – patriarchal orientation

[19] гиперопека – excessive protectiveness

[20] все псу под хвост – all to hell, all wasted

[21] защитила кандидатскую – obtained the higher degree of кандидат, roughly equivalent to PhD

[22] заниматься на тренажерах – to attend a fitness centre

[23] потрепаться – to have a chat

[24] дама за 30 – a woman over 30

[25] мыть подъезды – to do the dirtiest of cleaning jobs

[26] Reference to the so-called социальная пенсия, payable to men over 65 and women over 60; cf. трудовая пенсия, paid at 60 and 55.

[27] домоуправительство – looking after the home, from дом – home, and управиться – to cope, to manage

[28] намытый – spick and span

[29] тематическая выставка – reference to art exhibitions of Soviet times devoted to one single, lofty theme

[30] упростился до пареной репки – became extremely primitive

[31] располнеть – to fill out, to put on a lot of weight

[32] перетряхнуться – to rouse oneself

[33] обдаваться их жизнью – to brush up against their lives

[34] распекать – to give someone a roasting

[35] нацепить на себя тряпку – to don some designer gear

[36] это кого-то проняло или достало – this helped you to get at someone or to get even with them

[37] как мне все это осатанело – how I loathe it all

[38] СМИ – средства массовой информации – mass media, especially television and the press

[39] расхожее мнение – commonly held view

[40] псковитянин, псковитянка, pl. псковитяне – inhabitants of Pskov

[41] «живые деньги» – ready cash; reference to non-payment or late payment of wages and benefits in the 1990s

[42] народные промыслы – folk crafts

[43] освоить смежную профессию – to learn a related trade

[44] Гнесинский – Музыкальный педагогический институт имени Гнесиных – a prestigious music school in Moscow

[45] кооператив – кооперативная квартира, reference to housing cooperatives, a way of buying a flat

[46] надомница – here, a translator working at home

[47] референт – adviser, consultant

[48] курсовые – projects, essays or other course work

[49] КБ – конструкторское бюро – technical design centre; распределение – job placement, reference to compulsory allocation of graduates to jobs upon graduation from Soviet institutions of higher education

[50] «оборонка» – colloquial for оборонная промышленность – defence industry

[51] служба миграции – the Federal Migration Service, whose original remit was relocation of ethnic Russians from some of the newly independent states, former republics of the Soviet Union

Chapter 5

СОЦИАЛЬНО-ЭКОНОМИЧЕСКАЯ СФЕРА

5.1 ПЛАНЕТА НОВЫХ РУССКИХ

Главным героем ушедшей социалистической эпохи, ее рупором, отражением и одновременно могильщиком был рядовой советский интеллигент. Это он, вечно амбивалентный, балансировал между запретным и дозволенным, мучился совестью и предавал, мечтал о свободе и боялся начальников. Он и придумал перестройку,[1] до хрипоты митинговал, торопил рынок, чтобы окончательно потеряться в его нахлынувших волнах, отнюдь не таких живительных и сладких, как казалось на московских кухнях долгими застойными[2] вечерами.

Интеллигенция как часть социализма не устояла, не превратилась в «средний класс», маргинализировалась, исчезла. На авансцену вышел совсем иной протагонист – нежданный, начисто лишенный амбивалентности и удивительно энергичный. Новый русский.

Малиновый пиджак на «Мерседесе» – хотим мы этого или не хотим, именно таким теперь представляют нашего соотечественника на всех континентах. Анекдоты по его поводу, составившие уже не один сборник, – лишнее подтверждение тому, что явление оформилось и прочно утвердилось в обществе.

Юный класс новорожденного предпринимательства в России – единственная по-настоящему сформировавшаяся в результате перемен социальная группа. Более того – это единственная группа, имеющая общую, пусть и парадоксальную, субкультуру.

Первые попытки охарактеризовать нарождающийся класс были предприняты в 1992 г.: тогда были опубликованы результаты исследования, основанного на опросе российских предпринимателей. Образ, созданный интерпретаторами, казался настолько позитивным (не пьет, не изменяет жене, хорошо образован и т.д.), что подозрительно напоминал светлой памяти лик «строителя коммунизма» из брежневских агиток.[3] Неудивительно, что очень быстро словосочетание обрело противоположную эмоциональную окраску – «новый русский» стал синонимом грубых привычек, невежества, дурного вкуса. По свидетельству современных исследователей, почти никто из современных московских предпринимателей не согласился бы называться «Новым русским/новой русской».

Каковы же они на самом деле? Одно из недавних обсуждений по проблеме выявило ряд закономерностей. Так, исследователь современного бизнеса профессор Шихирев считает, что разным этапам реформ соответствовали разные типы бизнесменов (сразу после перестройки заявили о себе вчерашние «теневики»,[4] им на смену пришли бывшие комсомольские работники, рядом с ними утверждались директора госпредприятий, сейчас набирают силу «профессионалы, способные удачно конкурировать с западными коллегами»). Отмечено также и то, что психологический возраст бизнесменов старше физического, что в отличие от западных коллег наши предприниматели не отдают предпочтения партнерам–соотечественникам, что все они – трудоголики, для которых деньги – не цель, но средство.

Немногочисленные исследователи феномена сходятся в том, что на сегодняшний день собственно черты российского бизнесмена остаются довольно размытыми. Впрочем, питтсбургская профессор, проинтервьюировавшая несколько десятков предпринимателей, Елена Гощило утверждает, что большинство из опрошенных считают себя патриотами, в большинстве случаев – верующими (даже если не одобряют деятельности РПЦ),[5] часто путешествуют, из автомобилей предпочитают «Мерседес», «Вольво» и «Ауди», в быту избегают чрезмерных излишеств, очень любят детей, верят в любовь и идеальную семью (имеют таковую считанные единицы). Любят поесть, попить, часто – потранжирить. И почти все они – отчаянные оптимисты.

«НГ»

Вопросы:

1. Кто был «главным героем» социалистической эпохи?
2. Каким он был и что он сделал?
3. Что с ним произошло?
4. Чем от него отличается «новый русский»?
5. Каким его представляют на всех континентах?
6. Какой образ «нового русского» был создан интерпретаторами первого исследования?
7. Почему словосочетание «новый русский» приобрело противоположную эмоциональную окраску?
8. Как относятся к этому названию московские предприниматели?
9. Какие типы бизнесменов выявил профессор Шихирев?
10. Какие черты современного российского предпринимателя отмечают исследователи?

5.2 СРЕДНИЙ КЛАСС ПО-РОССИЙСКИ

Одним из важнейших результатов российских реформ считалось возникновение в стране среднего класса. Однако после августа 1998 г. стало чуть ли не общепринятым считать наш средний класс погибшим. Чтобы выяснить, имеется ли в социальной структуре послекризисного общества группа людей, которую можно было бы определить как средний класс (в дальнейшем – СК), в феврале – марте 1999 г. Российский независимый институт социальных и национальных проблем провел специальное социологическое исследование.

Вопросы:

1. Почему российский средний класс считали погибшим?
2. Какое исследование было проведено и зачем это было сделано?

5.2.1 Кто и почему в России причисляет себя к среднему классу?

Как показывают полученные результаты, даже в неблагоприятных экономических условиях в России сохранились социальные слои, которые по общепринятым критериям – социальному статусу, душевому доходу, стандартам потребления, образованию и др. – могут быть отнесены к среднему классу. Если до осеннего (1998 г.) кризиса к нему принадлежало до 25% трудоспособного населения, то ныне к его составу (точнее, к двум его верхним слоям, которые и являются реальным средним классом) могут быть причислены 18–20% россиян. В абсолютных цифрах это не менее 13–15 млн. человек взрослого населения.

При этом, как выяснилось, наибольшее значение для отнесения себя к среднему классу имели: 1) самооценка респондентом своего материального положения по сравнению с положением окружающих, 2) удовлетворенность своим положением в обществе, 3) представление о том, каким будет через 2–3 года материальное положение по отношению к окружающим, отражающее степень уверенности в завтрашнем дне.

Каждый из трех выделенных в ходе исследования слоев СК характеризуется качественно различным социальным статусом и социальным самочувствием. Так, представители верхнего слоя СК не только живут заметно лучше окружающих и в значительно большей степени удовлетворены своей жизнью, но и гораздо оптимистичнее смотрят на будущее. Что же касается среднего слоя СК, т.е. собственно среднего класса, то социальный оптимизм присущ ему в меньшей степени. Слои же, занимающие в социальной иерархии более низкие позиции, отличают куда большая неудовлетворенность своей жизнью и пессимизм в отношении будущего.

Учитывая данные исследования, за условную нижнюю границу среднего класса по состоянию на март 1999 г. для России в целом может быть принят душевой доход[6] в 1500 руб., – 62,8% тех, кто отнес себя к среднему слою СК, имели доход более этой суммы.

Душевой доход в 3000 руб. и более является той границей, которая отделяет «собственно средний класс» от «верхнего среднего». Выше этой границы поставили себя 54,3% представителей верхнего слоя СК.

Как показывают полученные результаты, материальное положение в различных его аспектах является решающим критерием для определения россиянами своего социального статуса, однако далеко не единственным, которые они склонны при этом учитывать. Заметное влияние на самооценки социального статуса оказывают образ жизни, престижность профессии и уважение окружающих.

Вопросы:

1. Как изменилась численность среднего класса после кризиса 1998 года?
2. Что имело наибольшее значение для людей, чтобы отнести себя к среднему классу?
3. Что характерно для верхнего слоя СК?
4. Как отличается от него средний слой СК?
5. Какой слой наименее удовлетворен своей жизнью?
6. Какие границы душевого дохода среднего класса были приняты исследователями?
7. Что было решающим критерием для определения россиянами своего социального статуса?
8. Что еще учитывалось?

5.2.2 Стандарты потребления

Как вытекает из результатов исследования, российский средний класс, хотя и уступает в стандартах потребления среднему классу западных стран, все же находится в достаточно благополучном положении.

Подавляющее большинство представителей верхнего (97,9%) и среднего (90,3%) слоев среднего класса имеет благоустроенное жилье со всеми коммунальными удобствами. Признаком принадлежности к верхнему слою СК является наличие многокомнатной квартиры (3 комнаты и более). В то же время проживание в отдельном собственном доме встречается не так часто, как у представителей среднего класса на Западе, хотя и чаще, чем в других социальных группах. В подавляющем большинстве случаев, жилье, которое находится в распоряжении представителей верхнего и среднего слоев среднего класса, является их собственностью.

Следует также остановиться на вопросе о наличии у представителей среднего класса автомобиля. Если в верхнем слое СК число тех, кто его имеет, составляет 80,5%, а в собственно среднем классе – 70,4%, то в нижнем слое СК автомобиль есть только у 49% опрошенных. В отличие от стран Западной Европы, специфика России не столько в распространенности автомобиля, сколько в отношении к нему. Если у европейцев сам факт наличия у человека автомобиля ничего не говорит о его социальном статусе, то для россиян именно автомобиль является символом успеха в жизни. Заметно различается и оснащенность семей верхнего и среднего слоев СК, с одной стороны, и нижнего слоя СК и бедных – с другой, дорогостоящим домашним имуществом (бытовой, а также аудио- и видеотехникой, компьютерами и т.п.), которое служит важным индикатором имущественного и социального положения их владельцев. Интенсивный процесс приобретений в семьях представителей среднего и верхнего слоев СК, который активно продолжался и в последний год, разрушает миф о полном обнищании среднего класса в результате осеннего кризиса 1998 г.

Говоря о стандартах потребления, нельзя не коснуться еще одного вопроса – о том, на чем экономят представители различных слоев СК. Характерным отличием верхнего слоя СК является то, что две трети его вообще ни на чем особенно не экономят. Для среднего слоя характерна массовая экономия на отдыхе. В двух же нижних стратах экономят на одежде и обуви (нижний слой СК) и продуктах питания (бедные).

Вопросы:

1. Как отличаются стандарты потребления российского СК от стандартов потребления среднего класса западных стран?
2. Какое жилье имеют представители российского СК?
3. Сколько людей в различных слоях СК владеют автомобилем?
4. В чем здесь специфика России?
5. Какое домашнее имущество служит индикатором социального статуса?
6. Что разрушает миф о полном обнищании среднего класса в результате осеннего кризиса 1998 г.?

5.2.3 Экономическое поведение

Более половины представителей верхнего слоя СК работают на частных предприятиях, а из работников государственных и приватизированных предприятий к нему принадлежат в основном их руководители. В собственно среднем классе основная масса (41,7%) тоже работает на частных предприятиях, и только треть, в том числе руководители, – на государственных. В нижнем слое СК доминируют представители госсектора, далее следуют работники приватизированных предприятий, и только около четверти – сотрудники частных фирм.

Что касается верхнего и среднего слоев СК, то главным источником их доходов выступает зарплата по основному месту работы, и весьма высок удельный вес доходов от собственного бизнеса. В нижнем же слое СК в подавляющем большинстве случаев решающую роль играет именно зарплата на основной работе.

Итак, российский средний класс в значительной своей части активно вовлечен в рыночный сектор экономики либо в качестве ее «мотора» – предпринимателей, либо на условиях самозанятости, либо в лице работников частных фирм. Причем наиболее эффективной стратегией попадания в состав среднего класса является предпринимательство.

Вопросы:

1. Какие три типа предприятий здесь выделены?
2. Где работают более половины верхнего слоя СК?
3. К какому слою принадлежат руководители государственных предприятий?
4. Кто составляет нижний слой СК?
5. Каковы источники доходов верхнего слоя СК?
6. Каким образом средний класс вовлечен в рыночный сектор российской экономики?

5.2.4 Мировоззренческие ценности

Заинтересован ли российский средний класс в продолжении рыночных реформ?

Судя по результатам исследования, в среднем слое СК наиболее популярной является модель рыночной экономики с элементами государственного регулирования. И если от верхнего слоя СК он отличается вдвое меньшим числом сторонников либеральной модели, то в готовности его основной массы (57,5%) жить в условиях именно рыночной экономики состоит принципиальное отличие собственно среднего класса от двух низших страт российского общества, для которых экономический идеал – это модель рыночного социализма.

На наш взгляд, не стоит переоценивать то обстоятельство, что свыше половины российского среднего класса поддерживают идею усиления роли государства в экономике, и тем более трактовать этот факт как проявление этатистских[7] настроений. Скорее, речь идет о реакции на очевидную неспособность нынешнего российского государства установить и поддерживать

минимально необходимый порядок – институционально оформить некие правила игры и контролировать их неукоснительное
соблюдение.

Представители основной части среднего класса не только
не ждут помощи от государства для решения собственных
проблем, но и воспринимают деятельность нынешнего
российского государства как силу, объективно препятствующую
экономической активности людей. Более половины среднего
класса однозначно уверены в том, что Россия будет иметь
здоровую экономику и выйдет из кризиса, если государство даст
людям свободу заниматься тем, чем они хотят, и перестанет
мешать им работать. В этом вопросе представители двух верхних
слоев среднего класса российского общества кардинально
отличаются от представителей нижнего слоя СК и бедных,
склонных в большей степени уповать не на труд, а на везение, не
на усилия самих людей, а на государство.

Вопросы:

1. К чему готовы 57,5% представителей среднего класса?
2. Каков экономический идеал низших страт российского
   общества?
3. Как исследователи объясняют тот факт, что больше
   половины СК поддерживают усиление роли государства в
   экономике?
4. Чего представители СК от государства не ждут?
5. При каком условии, по мнению многих представителей СК,
   Россия выйдет из кризиса?
6. К чему склонны представители нижних слоев СК и бедные?

5.2.5 Политические ориентации

В отношении к тем или иным идеологическим течениям и
доктринам наблюдается значительный разброс предпочтений.
Ни коммунистическая, ни либеральная, ни националистическая
доктрины не являются доминирующими в среднем классе. Во
всех его слоях большинство составляют те, кто вообще себя ни с

каким идейно-политическим течением не идентифицирует. И это, по-видимому, свидетельствует о том, что средний класс России связывает перспективу преодоления кризиса с сугубо прагматическим подходом к жизни, а не с политической ангажированностью.[8] С другой стороны, есть в этом и проявление некоего эскапизма, усталости.

Вопросы:

1. Как большинство представителей среднего класса относятся к различным политическим течениям?
2. Чем это объясняется?

5.2.6 Как добиться успеха?

Что же, с точки зрения самих представителей среднего класса, важно, чтобы добиться в жизни успеха и суметь удержаться на завоёванных позициях?

Исследование показало, что из предложенных 13 факторов, способствующих достижению жизненного успеха, чётко выделилась группа факторов–лидеров: хорошие способности, хорошее образование, упорный труд. Все они более чем половиной опрошенных были оценены как «очень важные» факторы успеха. Почти половина опрошенных (46,9%) среди этих факторов упомянули наличие нужных знакомств.

Если сравнить представление о факторах успеха в России и на Западе, то выясняется, что россияне придают личностным факторам успеха гораздо большее значение, а факторам, связанным с полученным высшим образованием, трудом и социальным происхождением, – меньшее значение, чем западно-европейцы.

Но что же это за «хорошие способности», которые россияне считают главным условием жизненного успеха?

Обобщая, можно сказать, что это готовность и умение жить в условиях конкурентной рыночной экономики и ориентация на индивидуальную свободу как высшую ценность. Не случайно высший и средний слои СК качественно отличаются от нижнего слоя СК и бедных своим желанием жить в обществе индивидуальной свободы, а не в обществе социального равенства.

На втором месте оказалось убеждение, что каждый должен сам о себе позаботиться. Верхний и средний слои СК, с одной стороны, и нижний слой СК и бедные – с другой образуют по этому признаку две полярные группы.

С точки зрения респондентов, кроме особенностей, связанных со степенью индивидуалистичности (сюда входит и способность к индивидуальной ответственности), немалое значение для достижения успеха имеет и моральный облик, точнее, готовность к нарушению определенных моральных норм ради успеха и материального благополучия.

Следующий по значимости ряд объективных факторов успеха связан с навыками, которыми владеют представители различных социальных слоев. Речь, прежде всего, идет о навыках работы на компьютере и владении иностранным языком. Если на компьютере умеют работать 70,5% представителей верхнего и 47,1% – среднего слоя СК, то у представителей нижнего слоя СК и бедных эта доля является соответственно 33,8% и 29,1%. По владению иностранным языком аналогичные цифры составляют 45,8% – 24,0% и 14,0% – 14,1%. Как видно, два верхних слоя среднего класса российского общества действительно объединяют наиболее квалифицированную часть населения (в смысле обладания навыками деятельности, которые высоко ценятся на современном рынке труда).

Вопросы:

1. Какие факторы, способствующие достижению жизненного успеха, оказались «лидерами»?
2. Какие здесь различия по сравнению со странами Западной Европы?
3. Кто считает индивидуальную свободу высшей ценностью и кто – социальное равенство?
4. Какой «моральный облик» считается необходимым для достижения успеха?

5. Сколько представителей различных слоев СК имеют навыки работы с компьютером?
6. Сколько их владеют иностранным языком?
7. Какой вывод следует из этого?

5.2.7 Кто же они?

Как подтверждает проведенное исследование, процесс формирования среднего класса, способного жить в условиях рыночной экономики и демократии, идет. Группы и слои, составляющие средний класс, весьма гетерогенны как по социальному происхождению, так и по месту в системе общественного разделения труда. Это и «служилый люд» – прежде всего чиновничество, управленцы среднего и частично высшего звена,[9] высший и средний персонал бюджетной сферы,[10] т.е. слои, обслуживающие государство; это менеджеры высшего и среднего звена; это представители малого и среднего предпринимательства, включая семейный бизнес, самозанятых и фермеров; это высшее офицерство; это, наконец, и некоторые слои технической и гуманитарной интеллигенции, а также рабочие высокой квалификации.

Примечательно, что 70–75% нынешнего российского среднего класса занимали аналогичную ступень социальной лестницы и в начале рыночных реформ. Обновление его состава происходит, таким образом, не столько за счет притока новых социально-профессиональных групп, сколько за счет адаптивных способностей позднесоветского среднего класса.

«НГ»

Вопросы:

1. Кто составляет российский средний класс?
2. На какой ступени социальной лестницы находились большинство представителей среднего класса в начале экономических реформ?
3. За счет чего происходит обновление состава среднего класса?

5.3   НА ДНЕ [11]

5.3.1 Бомжи – это целый мир

История первая. Одетый в лохмотья, давно не мытый, с болячками на руках мужчина. Рассказывает тихо, с усилием. Несмотря на подавленный вид, обращают на себя внимание умные глаза, интеллигентные, все еще привлекательные черты лица, грамотная речь. На вид – явно за 50.

Ему – 37 лет. Окончил среднюю школу. Работал на заводе. Один за другим умерли родители. Осталось трое: он, сестра и брат. Женился. Родилась дочь. Сейчас ей 17 лет, но ее ему не показывают. Жена загуляла. Развелся. За неуплату алиментов сел в тюрьму. Пока отсиживал, потерял прописку в родительской квартире, где проживал с братом. Сестра, получившая к тому времени квартиру, хотела прописать его к себе, но умерла, не успев этого сделать. Брат же, оставшись единственным квартиросъемщиком, приватизировал квартиру,[12] продал ее и укатил на жительство в деревню, где купил дом.

Где живет? В подвале дома, там теплые трубы. Чем живет? Сдает тряпки, бутылки, макулатуру.

История вторая. Одет аналогично. Подавлен. 43 года. окончил среднюю школу. Работал в цехе завода. Отслужил в армии, где приобрел специальности. Жил с отцом и матерью в двухкомнатной квартире. Наступила тяжелая полоса: в течение года умерли отец и мать. Незадолго до смерти мать по просьбе своей сестры и с согласия сына (рассказчика) прописала в квартире племянника.

В один прекрасный день тот явился с тремя мордоворотами[13] и будущего бомжа выгнали из квартиры. С тех пор живет на чердаке. Документы, как водится, потерял. Выпивает. Племяннику же – не до дяди.[14]

И наконец, история третья. У Игоря она началась с неладов в семье, а окончилась тем, что он ушел из семьи, запил и в конце концов стал жить в подвале дома. Во время жизни в подвале Игорь прошел целую школу: как избавиться от вшей, как добыть и приготовить пищу с помойки и не отравиться, как сделать свет в подвале и т.д.

Дойдя до самого края, Игорь заглянул в бездну и отшатнулся. Он увел с собой из подвала еще одного бомжа. Они стали снимать двухкомнатную квартиру. Оказалось, что предприимчивым молодым людям можно по крайней мере пристроиться так, чтобы, не входя в противоречие с Уголовным кодексом, зарабатывать на оплату жилья и на хлеб с маслом. Было бы желание покончить с бродяжничеством и выпивками.

«Бомж – это целый мир! – рассказывает Игорь. – Есть бомжи чердачные, подвальные, церковные. Каких только нет. Церковные бомжи – «путешественники»; они путешествуют от храма к храму, потому что находятся под опекой батюшки лишь до первого пьяного срыва.[15] Провинившегося бомжа выгоняют. И он, протрезвев, идет в другой храм. Бомж – это не только способ выживания, но и особая философия. И если эта философия стала его натурой, то, видимо, никакая социальная реабилитация не в силах ему помочь. Но ведь далеко не все бомжи – философы!»

Вопросы:

1. Как стал бездомным автор первой истории?
2. Кто виноват в том, что второй рассказчик стал жить на чердаке?
3. Каковы причины бездомности Игоря?
4. Чему он научился во время жизни в подвале?
5. Как он пытается покончить с бродяжничеством?
6. Что он рассказывает автору о бомжах?

5.3.2 Человек, живущий на улице

По бытующему в обществе представлению, бездомные – это опустившаяся грязная масса бродяг и попрошаек, не желающих работать и жить по-человечески. Однако, по данным организации «Врачи без границ»,[16] осуществляющей программу медицинской и социальной помощи бездомным в Москве с 1992 года и проведшей около 100 тыс. медицинских консультаций, людей, своим внешним видом формирующих общественное мнение о бездомных – не более 5% среди всех бездомных, обитающих в Москве. 75% бездомных – это трудоспособные мужчины в возрасте от 20 до 50 лет (большая часть которых не достигла 35 лет), почти половина из них имеет среднее образование (49%), 21% – среднее специальное образование и 9% – высшее.

Обсуждению проблемы бездомных был посвящен «круглый стол», заседания которого состоялись в Москве. В нем принимали участие ряд представителей общественных организаций и государственных учреждений, работающих с бездомными.

Причины, приведшие к бездомности, – самые разнообразные. Третья часть – бывшие заключенные. По закону многие из них имеют право на восстановление жилья, но на это требуются длительное время бесправного проживания и преодоление огромных трудностей.

Другие три группы приблизительно равны по численности (около 20% каждая). Это – продавшие или обменявшие свое жилье. Часто жертвы криминального беспредела, а также люди, оказавшиеся на улице из-за семейных проблем (разведенные, выгнанные родственниками, сбежавшие от пьяниц-родственников и т.д.). Это, наконец, – потерявшие ведомственное жилье[17] в связи с сокращением рабочих мест.

По данным организации «Врачи без границ», среди бездомных, обитающих в Москве, только четверть проживали ранее в Москве или Подмосковье, а остальные – из различных регионов России (55%) и стран СНГ (20%).

Относительно благополучное экономическое положение столицы, а также выполняемая ею функция главного транспортного узла России приводит в Москву людей, формально не являющихся бездомными, т.к. они имеют в паспортах штампы о регистрации. К ним относятся прибывшие из экономически неблагополучных регионов, беженцы и вынужденные переселенцы (не нашедшие работы в местах размещения), просто проезжающие и здесь ограбленные. Многие из этих людей оказываются в Москве в положении бездомных, т.к. они не имеют формальных оснований находиться в столице.

Вопросы:

1. Какое представление о бездомных бытует в обществе?
2. Что показывают данные организации «Врачи без границ»?
3. Кто принимал участие в «круглом столе» по проблемам бездомных, о котором здесь говорится?
4. Какие причины бездомности выявлены и сколько бездомных стали ими по каждой из этих причин?
5. Какие люди составляют большинство обитающих в Москве бездомных?
6. Как они попали в Москву?

5.3.3 Новая Конституция и старая аббревиатура

Внимательный читатель, наверное, заметил, что я избегаю употреблять слово БОМЖ, заменив его словом БЕЗДОМНЫЙ. Это сделано не случайно. Как известно, Конституция Российской Федерации[18] провозгласила права граждан на свободный труд, свободное передвижение и выбор места жительства, провозгласила гарантии медицинской и психиатрической помощи, неприкосновенности личности. И не нужно быть юристом, чтобы понять, что в свете Конституции аббревиатура БОМЖ (без определенного места жительства) и стоящее за ней понятие, сформировавшееся в тоталитарном государстве, не имеют права на существование как порочащие честь и достоинство человека. По мнению участников «круглого стола», истинное положение людей, оказавшихся без жилья, наиболее адекватно отражает понятие БЕЗДОМНЫЙ. Широкое распространение аргументированной информации о причинах возникновения, качественных характеристиках и проблемах этой группы населения является важнейшим условием для формирования справедливого общественного мнения о бездомных.

<u>Вопросы:</u>

1. Какое слово автор избегает употреблять?
2. Как это связано с Конституцией Российской Федерации?
3. Когда появилось понятие БОМЖ?
4. Что необходимо для формирования справедливого общественного мнения о бездомных?

5.3.4 Бездомные москвичи еще не все потеряли

В настоящее время[19] в Москве насчитывается около 30 тыс. бездомных. Проблемами бомжей занимается Комитет социальной защиты населения правительства Москвы. Всего в системе органов социальной защиты населения города функционирует 11 учреждений социальной помощи для бомжей, рассчитанных на 1505 мест (5 домов ночного пребывания, 3 социальные гостиницы, Центр социальной адаптации и 3 отделения в домах–интернатах). Между тем в настоящее время в данных учреждениях проживают всего около 700 человек, остальные же места попросту пустуют.

На днях такое заведение – комплекс «Люблино» – посетил вице-мэр столицы Валерий Шанцев, который также является председателем Межведомственной[20] комиссии при московском правительстве по профилактике бродяжничества. Вице-мэр поговорил с обслуживающим персоналом дома ночного проживания, а также с его постояльцами, которые рассказывали о своей трудной судьбе. Шанцев пообещал обязательно помочь им, если «вы сами пожелаете вернуться к нормальному образу жизни».

В такие заведения люди, которые по своей воле или по воле случая были вынуждены опуститься «на дно», попадают исключительно добровольно. Вновь поступающие проходят санитарную обработку в санпропускнике,[21] медицинское обследование. При необходимости им оказывается психологическая и юридическая помощь. Они получают бесплатное питание, деньги, одежду и обувь. Здесь имеются кухня, комната отдыха, читальный и актовый залы.

При доме совместно с Комитетом труда и занятости организованы курсы обучения женщин по специальностям: швея–мотористка,[22] портной, для чего отдельные комнаты оборудованы швейными машинами.

«В скором времени мы сможем предоставлять этим людям, которые пожелают вступить на праведный путь,[23] квартиры, нормальную работу», – заявил Валерий Шанцев после посещения комплекса «Люблино».

Вопросы:

1. Что существует в Москве для помощи бездомным?
2. Какую должность занимает Валерий Шанцев?
3. Что он делал в комплексе «Люблино»?
4. В чем заключается помощь комплекса бездомным?

5.3.5 Еще одна история жизни

Бомж, представившийся Виктором Кирилловичем, радушно предложил присесть. На столе, кроме пачки дешевых папирос и стаканов с чаем, стояла тарелка, полная рыбьих скелетов. «Это я днем в кафе беру, – перехватив мой взгляд, пояснил Виктор Кириллович. – Они мясо на бутерброды состругивают, а кости вот мне отдают. Будем сейчас бульон делать».

Имущество Виктора Кирилловича состоит из шести плотно набитых полиэтиленовых сумок. Кроме тапочек, рубашки и прочих мелочей, в сумке есть серьезные вещи: два переносных магнитофона и транзистор. Такое количество техники у бездомного бродяги наводит на нехорошие мысли о ее происхождении.

Тому есть основания. За плечами моего собеседника около 40 лет тюремного стажа, 16 судимостей! Учитывая, что Виктору Кирилловичу 63 года, нетрудно подсчитать, где прошла большая часть его жизни, и понять, что формировало его привычки. Типичная биография обитателей Дома ночного проживания «Люблино», проще говоря ночлежки для бездомных, куда к вечеру стекаются те, кому попросту негде спать.

В восемь вечера очередь из претендентов на ночлег растекается по лестнице у входа. Новичков не много – от силы человек пять–шесть на сотню. Ночлежка полностью заселена не бывает – сказывается слабая информированность – основным путеводителем в нее, кроме милиции, является «народный телефон».

Старожилы имеют личные номера, которые бодро выкрикивают в медкабинете, где изо дня в день идет проверка на вшивость. Обнаружив вшей, бомжа стригут наголо и обрабатывают голову специальным раствором карбофоса.[24] С более серьезными заболеваниями отправляют в близлежащую поликлинику, где за ночлежкой закреплены места.

«Администрация у нас хорошая, – присоединяется к нашей беседе сосед Виктора Кирилловича Виталий, – а вот милиция... Утром дубинками нас поднимают и выгоняют». Виталию вторят все, кто находится в тот момент в комнате. Отношения с органами правопорядка у этих людей сложные с давних пор по понятным причинам.

Главный бич ночлежки – алкоголизм. В тот день, когда выдают пенсии, бомжи напиваются, и бороться с этим бесполезно. «Они идут на любые ухищрения, лишь бы пронести с собой алкоголь, – рассказывает директор Дома ночного проживания. – Этим людям, сами понимаете, ничего не стоит открыть любой замок или влезть в окно».

На ночь с бомжами остаются два милиционера и женщины–дежурные. «Мы используем все методы, чтобы держать ситуацию под контролем, – продолжает директор, – действуем порой так, как действуют там, где они отбывали сроки».[25]

У администрации ночлежки большие планы – переделать ее в Центр труда и адаптации, хотя проблем на этом пути много – далеко не каждое предприятие пожелает иметь работником бывшего уголовника.

А так, с восьми утра до восьми вечера, бомжи предоставлены сами себе. Собирают бутылки, попрошайничают. Практичный Виктор Кириллович помогает местному дворнику: «Только не знаю, даст он мне завтра деньги или нет?».

«НГ»

<u>Вопросы:</u>

1. С кем и где разговаривает автор?
2. Что он сообщает читателю о своем собеседнике?
3. Как проходит прием претендентов на ночлег?
4. Какие отношения у бездомных с милицией?
5. Ведут ли здесь борьбу с алкоголизмом?
6. Какие методы используются, чтобы «держать ситуацию под контролем»?
7. Каковы планы администрации ночлежки?
8. Чем заняты бездомные днем?

5.4 ШАГАЮЩИЕ В БЕЗДНУ

5.4.1 Статистика

До революции в России на 100 тыс. чел. приходилось 3 самоубийства. Сегодня[26] самоубийства стоят на четвертом месте после смертей от инфарктов, онкологических и других заболеваний. И на 100 тыс. москвичей приходится 10–15 суицидов в год.

Статистику самоубийств официально перестали вести в середине 1920-х гг. И до 1986 г. все «случайные» факты держались в строжайшем секрете. Считалось, что строитель коммунизма о самоубийстве в принципе помышлять не может и суицид – проблема исключительно психически неполноценных, больных людей. Всерьез этим вопросом занялись только в 70-х, когда в Москве и в других крупных городах начался заметный рост числа самоубийств. Сперва ученые взяли под наблюдение военных и заключенных, но вскоре выяснилось, что «нехорошие тенденции» распространяются на все потянувшееся застойной плесенью общество. В период горбачевского «сухого» закона[27] наблюдался некоторый спад (самоубийств в столице тогда было зафиксировано на 10–15% меньше, чем в предыдущие годы), но реформы повлекли за собой новый суицидальный всплеск. Число покончивших с собой с каждым годом росло и в 1993 г. достигло пика: по информации Мосгоркомстата, в Москве тогда зарегистрировали 1866 самоубийств.

Вопросы:

1. Почему в середине 1920-х годов перестали вести статистику самоубийств?
2. Что произошло в 70-х годах?
3. С чем связан спад числа самоубийств, который наблюдался во второй половине 80-х годов?
4. Как изменилось положение с началом рыночных реформ?

5.4.2 Город-западня

Как выразился один французский ученый, степень отчужденности людей прямо пропорциональна плотности населения. Ученые считают, что устойчивость к всевозможным стрессам у человека формируется в детстве, но в любом случае обитатель мегаполиса[28] испытывает на себе психоэмоциональные нагрузки во много раз больше, чем житель небольшого города, где сильные традиции, жизнь идет на виду и риск возникновения отчужденности так или иначе снижается.

Москва, хотя и считается менее суицидоопасным регионом (в том же Петербурге, например, самоубийств ежегодно случается больше), все равно опережает многие европейские столицы, например, Рим и Мадрид. Кроме того, нас выбивают из колеи регулярные экономические катаклизмы, безработица, плохое питание, разводы (ежегодно в столице распадается почти столько же браков, сколько и заключается). По московской статистике, наиболее частым мотивом самоубийства являются потрясения личного (а не карьерного или финансового) характера – измена, смерть дорогого человека, развод и, как следствие, неспособность справиться с неожиданно свалившимся одиночеством.

Вопросы:

1. Почему жители небольших городов более устойчивы к стрессам, чем жители крупных городов?
2. Что, по словам автора, выбивает из колеи москвичей?
3. Что является наиболее частым мотивом самоубийства?

5.4.3 Сильные духом – женщины

В среднем в Москве совершается 3-4 самоубийства в день. Традиционно самые «суицидные» (по 8-11 самоубийств) – понедельник (начало недели, ассоциируется с необходимостью принятия решения) и пятница. Весной и осенью самоубийств у нас больше, чем летом и зимой. Промышленные районы города, из которых наиболее неблагополучным считается восточный сектор, более «взрывоопасные», чем тихие спальные районы. Столичные врачи-суицидологи пришли к выводу, что женщины в 4 раза чаще пытаются покончить с собой, но у сильного пола попытки в 2 раза чаще кончаются смертью. Психологи объясняют это тем, что мужчины подчас болезненно често-любивы, к себе предъявляют чрезмерно высокие требования и чаще (что бы про наших мужчин не говорили) берут на себя всю вину и ответственность. А в женщинах, которые хоть и более импульсивны по природе, заложен ген стабильности, да и кому, как не им, не понимать ценности жизни?..

Последние годы в столице наблюдается опасная тенденция «омоложения» суицида. Если раньше для мужчин критическим был возраст 50 лет и старше, то теперь уязвимым считается и период «процветающей зрелости» – 35–44 года. Слабый пол по-прежнему наиболее тяжело переживает так называемый «кризис середины жизни»: пик самоубийств у женщин приходится на 45–54 года. В группу риска входят прежде всего врачи, музыканты, юристы и, разумеется, безработные. Самые распространенные способы добровольной смерти – отравление и повешение, причем женщины, как правило, выбирают более «эстетические» варианты.

Вопросы:

1. Зависит ли частота самоубийств от времени и места?
2. Какие различия наблюдаются среди мужчин и женщин?
3. Чем автор это объясняет?
4. Какая здесь связь с возрастом?

5.4.4 Что делать?

«Обстановка в Москве внушает опасения, – говорит Владимир Войцех, доктор медицинских наук, руководитель Научно-методического центра суицидологии. – В каждом районе нужен свой телефон доверия, работать на котором должны квалифицированные, особо обученные специалисты, а врачей-суицидологов всего-то 25 человек на весь город».

Что же все-таки нас ждет дальше? Климат в обществе в одночасье не оздоровить, от стресса и страха перед завтрашним днем не избавиться.

«Когда человек чувствует, что готов свести счеты с жизнью, – продолжает В. Войцех, – одному ему из этого состояния не выйти. Для начала надо просто кому-нибудь выговориться, носить напряжение в себе ни в коем случае нельзя. А еще нужно быть внимательнее друг к другу. Мы все слишком много думаем о себе и забываем, что жизнь – самое дорогое, что у нас есть».

«АиФ»

Вопросы:

1. Какую организацию представляет Владимир Войцех?
2. Что он говорит о специалистах?
3. Что, по словам автора, невозможно сделать «в одночасье»?
4. Какие рекомендации дает Войцех?
5. К чему он призывает всех?

5.5 МИР БЕЗ НАРКОТИКОВ? ЗАБУДЬТЕ!

Мнение: Лев Тимофеев, директор Центра по изучению нелегальных экономик, коррупции и организованной преступности.

5.5.1 Контуры беды

Растерянность, страх, безысходность звучат во всех без исключения рассказах о лавинообразном распространении наркомании в России. Не видно никакой возможности остановить или хотя бы замедлить нарастание беды. Строгие запретительные законы никого не пугают и никого не останавливают. Да и какие запреты способны остановить бизнес, если он приносит десять тысяч процентов прибыли. Такой коммерческий интерес сметает любые преграды.

Надо понять механизм трагедии. Парадокс в том и состоит, что десять тысяч процентов прибыли возникает тогда и только тогда, когда бизнес запрещен и наркоман готов платить любые деньги уже не за сам товар, производство которого стоит дешево, не дороже аспирина, сколько за преодоление запрета.

Теоретически (и исторически – в будущем) есть только один способ справиться с наркомафией: легализовать наркотики – вообще все и всякие, включая тяжелые, героин и кокаин. В этом случае наркобизнес и связанные с ним криминальные капиталы, насилие, коррупция и т.д. – все это исчезнет. И что самое главное – прекратится агрессивный маркетинг – то самое вовлечение детей и подростков, проталкивание наркотиков в молодежную субкультуру, которое и обеспечивает постоянный прирост сообщества наркопотребителей.

<u>Вопросы:</u>

1. Что говорит Лев Тимофеев о распространении наркомании в России?
2. Почему не помогают запретительные законы?
3. Есть ли способы справиться с наркомафией?
4. Что это может дать обществу?

5.5.2 Механизм легализации наркотиков

Наркотики – рыночный товар. И таковым остается – разрешен он или запрещен. Как закон о запрете не прекращает рыночных отношений, но лишь меняет их условия, так и отмена запрета не запускает этот механизм заново, но лишь декларирует создание новых условий для его работы. И уже заранее очевидно, что эти новые условия не соответствуют интересам существующей и нелегально действующей отрасли, интересам наркобизнеса.

Наркобизнес – рисковое предприятие. Покупатель наркотика платит за риск, которому подвергается продавец (конфискуют товар, надолго посадят,[29] убьют конкуренты и т.д.). Понятно, что продавец заинтересован, чтобы на деле рисковать как можно реже и меньше, но чтобы номинально риск был как можно более велик, тогда и цена товара выше. И уж вовсе его не устраивает, если запрет, а с ним и риск напрочь исчезнет, и бизнес будет вроде продажи аспирина. Но тогда и прибыль будет аспириновая... То есть уже одна только теоретическая возможность легализации создает парадоксальный риск исчезновения риска. Или риск того, что рынок наркотиков будет низведен до уровня обычного конкурентного рынка.

С экономической точки зрения легализация наркотиков есть не что иное, как попытка проникновения на устоявщийся монопольный рынок новых конкурентов (государства или новых, «лицензированных» предпринимателей), готовых, на своих условиях, поставить потребителю тот же самый товар (может быть, даже дешевле и более высокого качества). Понятно, что всякая попытка этих новых конкурентов по-своему переиначить порядок, в который вложены колоссальные деньги и который приносит колоссальные прибыли, не может не вызывать ожесточенного сопротивления со стороны «старожилов».

Вопросы:

1. Что меняется с введением закона о запрете наркотиков и с его отменой?
2. Как это воспринимает наркобизнес?
3. Какому риску подвергается продавец наркотиков, когда наркотики запрещены?
4. В чем заинтересован продавец?
5. Что его не устраивает и почему?
6. Какие новые конкуренты могут появиться у «старожилов» рынка наркотиков с легализацией наркотиков?
7. Как «старожилы» это воспринимают?

5.5.3 Единство интересов

Вместе с тем, говоря о легализации, необходимо учитывать и интересы тех лиц и организаций, которые сегодня призваны вести прямую, лобовую войну с наркобизнесом. Вообще, когда в экономике что бы то ни было запрещено, это дает привилегированное положение тем, кто должен осуществлять запрет. Дело даже не в том, что ограничительное законодательство всегда создает искусственную редкость продукта – основу процветания коррупционеров. Но и те исполнители, которые не берут взяток и не сотрудничают с наркобизнесом, объективно не обязательно заинтересованы в легализации наркотиков. Они – солдаты и генералы той армии, которая специально создана для реализации запрета и имеет для этого определенную финансовую, структурную, идеологическую, этическую и даже эстетическую основу. Если военные действия прекратятся, армия должна быть распущена, и все воинство лишится денежного и материального довольствия,[30] прерогатив власти и других привилегий, получить которые мечтают все подростки–мальчики, воспитанные на боевиках[31] из жизни бесчисленных Отделов по борьбе с наркотиками.

Вообще объективное единство интересов наркобизнеса и тех, кто реализует запрет на операции с наркотиками, позволяет предположить, что в исторически обозримом будущем вопрос о легализации наркотиков не продвинется из области абстрактных спекуляций в сферу практических решений. Это тем более вероятно, что и в общественном мнении, воспитанном и выраженном средствами массовой информации, прочно утвердилась мысль, что в отношении наркомании и наркобизнеса наиболее эффективна политика запретов и репрессий. Хотя, видимо, никто не сможет ответить, каким образом эта политика, неоднократно провалившаяся в отношении алкоголя и табака, вдруг окажется эффективна в отношении наркотиков.

Лозунг «За мир без наркотиков!», который время от времени патетически занимает экран телевизора и газетные полосы, не только не имеет никакого конкретного содержания, но и прямо вреден, поскольку сбивает людей с толку. Мы должны понять, что такого мира – без наркотиков – никогда уже не будет, как не будет мира без алкоголя и табака. Мы должны понять, что нам и нашим детям предстоит жить в мире, набитом наркотиками, и только тогда мы научимся жить в этом мире с наименьшими потерями.

«МН»

Вопросы:

1. Что происходит в экономике, когда что-либо запрещено?
2. О какой армии говорит здесь Тимофеев?
3. Что с ней произойдет в случае отмены запрета?
4. К какому заключению приходит Тимофеев?
5. Почему, по его мнению, важно понять, что мира без наркотиков не будет?

5.6 ПИНКЕРТОНЫ НАШЕГО ВРЕМЕНИ [32]

Сегодня в России порядка 100 сыскных агентств. Из них, по словам компетентных лиц, организаций, где трудятся достойные последователи Шерлока Холмса и Эркюля Пуаро, наберется едва ли с десяток.

Как и любой бизнес, частный сыск делится на высокопрофессиональный и дилетантский (где действуют халтурщики,³³ зачастую даже не имеющие лицензии). Все, чем занимаются частные детективы, условно можно разделить на три категории. Первая – львиная доля заказов – так называемая деловая разведка. В статье закона это называется так: «Изучение рынка, сбор информации для деловых переговоров, выявление некредитоспособных или ненадежных партнеров». Какая нормальная фирма захочет подписать договор с прожженным жуликом? Естественно, никакая. А где ей добыть сведения о порядочности вероятного партнера? Государственные органы могут либо предоставить очень ограниченную информацию в виде платных справок, либо вообще сослаться на коммерческую тайну. Остается надеяться на частного детектива.

Вторая категория дел – поиск без вести пропавших. Правоохранительные органы завалены такой работой выше головы. Поэтому люди часто отдают последнее, чтобы найти исчезнувшего родственника или друга. В редких случаях сыщики могут бесплатно помочь тому, кто попал в тяжелейшую жизненную ситуацию и не имеет необходимых средств, чтобы нанять детектива. Правда, такое случается только в крупных агентствах, которые могут заниматься благотворительностью.

Часто «пропавшими» оказываются молодые люди, сбежавшие из родительского гнезда к любимой девушке или просто на поиски приключений. Не в меру строгие мамы–папы требуют от частного сыщика вернуть непокорное дитя в лоно семьи. Но если пропавший – совершеннолетний и вменяемый, у детектива нет юридического права привести его за ручку домой.

Нам рассказали о заказе, когда условия контракта были выполнены, но клиенты не сочли нужным оплатить работу сыщиков.

...Пропала 20-летняя девушка из мусульманской семьи. Родители подали заявление в милицию. Через несколько дней, отчаявшись найти свою дочь с помощью органов правопорядка, обратились в детективное агентство. Вскоре девушку нашли в одной из христианских общин. В разговоре с ней сыщики убедились, что свой выбор она сделала осознанно, без чьего-либо принуждения. Тогда детективы попросили ее написать заявление в милицию с просьбой о прекращении поисков, а родственникам предоставили видеозапись, где девушка была запечатлена целой и невредимой. Однако те посчитали заказ невыполненным и гонорар не заплатили. Они упрямо настаивали на том, что их дочь должна быть возвращена домой любым путем...

Если к детективам обратится безутешная мать, утратившая взаимопонимание с ребенком, и попросит узнать, не связалось ли ее любимое дитя с наркоманами и преступниками, то и в этом случае сыщик сможет помочь. Законом не запрещается выявление круга общения несовершеннолетнего. Бывает, что детективы помогают «вытянуть» ребенка из плохих компаний или из сект. Часто им приходится самим внедряться[34] в организации сектантов.

В третью категорию попадают уголовные и гражданские дела. Это могут быть убийства, крупные кражи. Но в основном – заказы по расследованию событий внутри замкнутого коллектива, когда руководство заинтересовано в том, чтобы не выносить сор из избы.

Понятно, что дела этих двух категорий требуют больших материальных затрат. Стоимость заказа может доходить до нескольких десятков тысяч долларов.

Далеко не каждый обратившийся к детективу становится клиентом. Одному реальному заказу обычно предшествует 30–40 «пустых». Добрая половина заявок в сыскное агентство – просьбы помочь в возвращении долга. Причем обратившийся прекрасно знает место жительства и работы своего обидчика, но хочет, чтобы на его слегка «наехали».[35] На самом деле исполнение роли «крутого братка»[36] не имеет ни малейшего отношения к детективной деятельности.

Часть заявок таит в себе явно криминальный душок, хотя внешне просьбы кажутся безобидными. То же предложение «последить за должником» вроде бы вписывается в желание клиента узнать о материальном положении и состоянии дел непорядочного, с его точки зрения, человека. Но это может быть и завуалированной формой получения всех необходимых данных для акции физического устранения должника. Иногда криминальная подоплека обнаруживается уже в ходе выполнения заказа. И тогда уважающий себя и закон сыщик отказывается от дальнейшего выполнения заказа, неся при этом материальные потери.

Много заявок с просьбами мужей и жен последить за своей второй половиной. Серьезные агентства чаще всего отказываются от таких дел. Ведь закон запрещает детективам вмешиваться в частную жизнь граждан. А если бы и не запрещал, все равно овчинка выделки не стоит. Услышав отказ в одном агентстве, жаждущие уличить супругов в измене идут в другое, нуждающееся в заказах и потому не брезгующее никакими делами.

Случайных людей в детективном бизнесе мало. В основном сюда приходят из милиции. Сыщикам очень помогают их прежние связи и опыт. Но этим общение с бывшими коллегами не ограничивается. Начав работать над каким-то делом, детектив в течение суток обязан уведомить органы, в ведомстве которых находится это преступление.

«НГ»

Вопросы:

1. Сколько сейчас в России сыскных агентств?
2. На сколько категорий можно разделить то, чем они занимаются?
3. Что включает так называемая деловая разведка?
4. Почему в случаях поиска пропавших без вести люди не обращаются в правоохранительные органы?
5. Бывают ли здесь неудачи у частных детективов?
6. Какие дела требуют больших материальных затрат?
7. Что иногда скрывается за внешне безобидными заказами?
8. Что делает сыщик в таких случаях?
9. Как поступают детективы, когда получают заявку от одного из супругов последить за другим?
10. Есть ли у частных сыщиков связи с милицией?

Notes:

---

[1] Reference to the academic intelligentsia as the inspiration behind Mikhail Gorbachev's ideas of reform: economic transformation – перестройка, and democratisation of society – гласность, in the late 1980s

[2] застой, застойный – stagnation, term used during перестройка to refer to the two decades that preceded it

[3] светлой памяти лик – late and unlamented image; reference to the propaganda of the Brezhnev years

[4] «теневики» – people who operate outside the legitimate economic framework, in the so-called 'shadow' economy

[5] РПЦ – Русская Православная Церковь – Russian Orthodox Church

[6] душевой доход – per capita (here, monthly) income

[7] этатистский – statist, an orientation which subscribes to *dirigisme,* a policy of State direction and control in economic and social matters

[8] политическая ангажированность – political commitment

[9] управленцы среднего,.. высшего звена – middle,.. top civil servants

[10] бюджетная сфера – the public sector

[11] На дне – the title dates back to the 1902 play about down-and-outs by Maxim Gorky 'The Lower Depths'; it has been adopted for the title of the Russian magazine produced for and by the homeless

[12] приватизировать квартиру – to buy one's flat

[13] мордоворот – tough guy, someone who may 'rearrange your face'

[14] не до дяди – has no time for his uncle

[15] пьяный срыв – drunken binge

[16] «Врачи без границ» – the Russian arm of the international aid organisation Médecins sans Frontières

[17] ведомственное жилье – housing supplied as part of one's employment, tied housing

[18] Reference to the post-Soviet Russian Constitution adopted after the December 1993 referendum

[19] The extract dates from October 1998

[20] межведомственный – interdepartmental, involving more than one agency

[21] санитарная обработка в санпропускнике – scrubbing down in the sanitary reception unit

[22] швея–мотористка – sewing-machine operator

[23] праведный путь – the path of virtue

[24] карбофос – a strong disinfectant

[25] отбывать срок – to serve one's sentence

[26] The extract dates from May 1999

27 горбачевский «сухой» закон – reference to the anti-alcohol campaign introduced by Mikhail Gorbachev in 1985

28 мегаполис – a very large city, metropolis, conurbation

29 посадить надолго – to jail someone and throw away the key

30 довольствие – wherewithal, resources

31 боевик – action–thriller

32 пинкертон – ironic reference to a private detective

33 халтурщик – cowboy, someone who turns out poor quality work

34 внедряться – to infiltrate

35 «наехать» – to 'lean' on someone, to rough someone up

36 «крутой браток» – a 'heavy', a tough guy

Chapter 6

КУЛЬТУРА И РЫНОК

6.1 КРИЗИС КУЛЬТУРЫ НЕ ОТ СКУДОСТИ СРЕДСТВ
Борис Кагарлицкий[1]

6.1.1 О деньгах и постановлениях

Разговорами о кризисе или даже крахе культуры сейчас никого не удивишь. Все жалуются, что денег нет – государство не дает, а «новые русские» жадничают, дают мало, не тем, не так. Еще мы постоянно слышим об отсутствии культурной политики. Все это сопровождается ссылками на то, как «у них» это делается. Одни рассказывают, как на Западе поддерживают высокое искусство, другие, наоборот, возмущаются потоком «низкопробной массовой культуры», который на нас хлынул из-за рубежа. И, естественно, призывают ставить всевозможные препоны, барьеры, запруды на худой конец.

Создается впечатление, что все сводится к деньгам и постановлениям. Неужели судьба культуры в такой степени в руках бюрократов? Но ни для кого не секрет, что бывали времена, когда денег на культуру было еще меньше, да и условия для творчества были хуже. Сколько великих произведений написано «в стол»,[2] создано под бомбами, во времена голода и катастроф! Что же до культурной политики, то она может быть такой, что лучше бы никакой не было.

Да, кризис культуры налицо, но причины его надо искать совершенно не в сфере финансирования и государственной политики. Перед нами проблема куда более фундаментальная. И связана она с той ролью, которую «деятели культуры» взялись играть в нашем обществе.

<u>Вопросы:</u>

1. Какие проявления кризиса культуры обсуждаются в разговорах об этом кризисе?
2. Бывали ли худшие времена для русской культуры?
3. Признает ли Кагарлицкий существование кризиса?
4. Где, по его мнению, надо искать его причины?

6.1.2 Сопротивление

Никакое общество, даже самое капиталистическое, не может свести все свои социальные нормы к правилам купли–продажи. Требования рынка должны быть при капитализме уравновешены внерыночными и даже антирыночными факторами. Так было со времен ранних буржуазных революций. Ведь знаменитая «протестантская этика» была необходима капитализму не потому, что поощряла обогащение любой ценой (для этого никакой этики не надо), а потому что, напротив, вводила жажду наживы в определенные рамки, ограничивала ее жесткими моральными нормами.

Роль культуры при капитализме оказалась двоякой. Именно потому, что культура была глубоко антибуржуазна, она была необходима буржуазии как стабилизирующий и компенсирующий фактор. Ей позволено было жить по собственной логике, иначе она бы вообще была не нужна. Другое дело, что, живя по своим законам, культура, как и сфера образования, постоянно выходила за рамки дозволенного. Из стабилизирующего фактора культура становилась подрывным. Она давала стимулы к сопротивлению всем тем, кто не хотел жить по общим правилам. Люди, подобные Марксу, Брехту, Сартру или Маркузе, были естественным порождением академической или творческой среды. Университеты становились рассадниками свободомыслия, а количество «красных» даже в Голливуде к концу 40-х годов достигло таких масштабов, что сенатору Маккарти всерьез пришлось заняться этим делом. Интеллектуалов периодически ставили на место, но и без них обойтись было невозможно.

Вопросы:

1. Какие факторы, по мнению Кагарлицкого, должны уравновешивать требования рынка?
2. Какой пример этого он приводит?
3. Почему буржуазия позволяла культуре быть антибуржуазной?
4. Как культура «выходила за рамки дозволенного»?
5. Что тогда делали с интеллектуалами?

6.1.3 Интеллигенция как часть новой элиты

90-е годы перевернули многое, и не только в нашей культуре. Крах советской системы и ее ценностей полностью освободил интеллектуалов от химеры совести. Ведь вместе с официальной советской идеологией потерпела крушение и присутствовавшая в этом же обществе этика, в том числе и этика диссидентская, тоже вырабатывавшаяся многолетним опытом жизни именно в данной системе.

Ценности поколения 60-х годов, доминировавшие у нас аж до конца 80-х, ушли в прошлое. На их место пришли не новые ценности, а лишь новые соблазны. Именно они заполнили образовавшийся вакуум, став, по сути, единственным мотивационным фактором. Деятели культуры с первого же дня преобразований поторопились стать частью новой элиты, пренебрегая не только своими менее удачливыми коллегами, но и требованиями собственного ремесла. Они радостно принялись восхвалять законы денежного обмена, забыв, что даже во времена европейских буржуазных революций делать это публично было не принято. Великий художник Давид не писал картин, героизирующих труд лавочников. Он изображал гражданские добродетели древних римлян, с которых лавочникам предстояло брать пример.

Деятели культуры, бросившиеся в объятия банкиров, так же бесполезны для капитализма, как и для сопротивления ему. Точнее, они бесполезны именно в качестве творцов, в качестве тех, кто дает жизни этическое и эстетическое измерение. Но они являются ценным приобретением для любой элиты с точки зрения пропаганды. И чем больше их реальные творческие заслуги в прошлом, чем более порядочными людьми они зарекомендовали себя в предыдущей жизни, тем ценнее они сегодня для любого злого дела.

Перед нами, в сущности, трагедия шекспировского масштаба. Только в отличие от Макбета никто из посетителей фуршетов[3] и презентаций не видит за своим столом призраков и не пытается отмыть руки от крови. Они не признают за собой даже маленькой доли вины за кровь, проливавшуюся в Чечне, за голодающих сельских учителей, за детей, оставшихся беспризорниками. И дело не в том, что они самолично никого не убивали и не грабили. Просто ответственность для них – понятие отвлеченное. Макбет потому и видел призраков, что в нем еще жил прежний герой. В нашем случае люди вполне успешно умудрились по капле выдавить из себя гражданина.

Вопросы:

1. Что ушло в прошлое в 1990-е годы?
2. Что пришло на их место?
3. Как вели себя деятели культуры?
4. О чем они забыли?
5. В каком смысле такие деятели культуры бесполезны?
6. Какие из них являются ценным приобретением для элиты?
7. Почему Кагарлицкий сравнивает их с Макбетом Шекспира?
8. Чем они от него отличаются?

6.1.4 Что дальше?

Между тем напрашивается вопрос: что будут делать наши элиты, когда деятели культуры у них кончатся? Ведь они работают с людьми, репутация которых сформировалась во времена советские. А сейчас в искусстве репутацию заработать куда сложнее. Профессиональные репутации все же создаются не на трибунах съездов и не на фуршетах. Для того, чтобы создать себе имя, надо трудиться. Но как раз эта сторона дела «в приличном обществе» никому не интересна. Если кто-то ставит хорошие спектакли, то значительная часть публики об этом просто не узнает. Говоря модным сейчас языком, нет средств коммуникации. Сейчас и обычные-то газеты читают гораздо меньше, а уж специальной прессы, посвященной театру или кино, почти не осталось. Телевизор прежде всего работает на пропаганду, но дело не только в этом. Прославиться каким-нибудь мошенничеством легко, а художественным достижением – труднее, ибо таковы законы жанра. Кража книг из библиотеки – новость. Публикация хорошей книги – не новость. Нечто умное и сложное трудно «продать». Трудно показать по телевизору.

Мало того что практически невозможно привлечь внимание публики к художественному событию, но и публики в привычном смысле слова почти не осталось. Толстые журналы в упадке, а неформальное общение в среде интеллигенции становится все менее возможным – происходит социальное расслоение. И раньше дистанция между преуспевающим московским интеллектуалом и провинциальным учителем была немалая, но сейчас между ними непреодолимая пропасть. Один сытый, другой голодный. И мысли, и интересы у них разные.

Жаль, конечно, что не хватает денег на поддержку искусства, но оно все равно выживет. Пока есть Россия, есть русский язык, сохранится и культура. То, что мы видим сегодня, есть не «крах культуры», а лишь кризис и вырождение советской культурной элиты. Зрелище, надо признать, печальное, но отнюдь не лишающее нас надежды на будущее.

Другое дело, что становление нового типа интеллектуала, новой культурной среды потребует времени. Это процесс не только медленный, но и болезненный. Ведь иной культурной традиции, чем та, что пришла к нам из советских 60-х годов, по сути, у нас нет, и это относится даже к людям, которые ту эпоху почти не застали. И все же с большой долей уверенности можно сказать, что новая традиция может родиться только из опыта сопротивления, из противостояния миру коммерческого интереса и «ценностям» наших «новых русских». Противостояния, продиктованного не какими-то идеологическими схемами, а самой природой творчества.

«НГ»

Вопросы:

1. Какая проблема может возникнуть у элит?
2. Что нужно для того, чтобы создать себе имя в области культуры?
3. Почему творческую репутацию создать трудно?
4. Как изменилась публика?
5. Почему неформальное общение в среде интеллигенции становится все менее возможным?
6. На чем основан оптимизм Кагарлицкого о том, что русская культура сохранится?
7. Что он считает необходимым для появления новой культурной традиции?

6.2 «ГАЗЕТНЫЙ САХАРОВ»[4] – ЭТО УТОПИЯ
Владислав Листьев[5]

– Насколько, на ваш взгляд, свободны сейчас российские пресса и телевидение?

– Мне достаточно сложно говорить о свободе средств массовой информации, потому что я не понимаю, что такое абсолютно свободные СМИ. Любое СМИ подвластно или финансовому, или идеологическому давлению. Других вариантов быть не может.

– Выходит, если логически развить ваше утверждение, вы рассматриваете журнализм как вторую древнейшую профессию?

– Естественно. Можно даже поменять местами первую и вторую древнейшие профессии, поставив журналистику на место первой. Так во всем мире. Ну а специфика нашего рынка массовой информации еще и в том, что у нас происходит бесконечное «перетирание» одних и тех же фактов из-за слабой налаженности информационных потоков, информационных систем.

– И это на фоне почти тотальной коммерциализации СМИ...

– Любые процессы в обществе при становлении рыночной экономики связаны с коммерциализацией. Не может быть абсолютно экономически чистой, независимой ни от кого газеты, потому что она сама себя не окупит. И где грань между идеологией и коммерцией? И где найти человека, который будет... ну, скажем, «газетным Сахаровым», которому все будут доверять и смотреть на него, как на мерило нравственности, который одновременно будет разбираться в коммерческих вопросах?

– А какова, на ваш взгляд, роль СМИ в обществе? Согласны ли вы с утверждением, что у кого четвертая власть,[6] у того и власть политическая?

– В какой-то степени да. Потому что газеты, телевидение и радио все равно остаются средством промывания мозгов и средством внедрения тех или иных идей. Однако не следует преувеличивать их влияние. Пример – успех партии Жириновского, несмотря на оппозицию почти всех СМИ.[7]

– Происходит ли в России монополизация прессы? Создаются ли в стране империи СМИ, принадлежащие отдельным личностям, как это происходит на Западе?

– Газетный рынок живет по тем же законам, что и любой другой рынок. Поэтому концентрация СМИ в одних руках и в экономических, и в политических целях неизбежно будет происходить. Сейчас на рынке СМИ выжить индивидуально могут лишь единицы.

«МН»

Вопросы:

1. Существуют ли, по мнению Листьева, абсолютно свободные средства массовой информации?
2. Что говорит о журналистике тот факт, что ее сравнивают с проституцией – так называемой «первой древнейшей профессией»?

3. Почему не может быть действительно независимой газеты?
4. Какую грань трудно определить?
5. Чем должен бы заниматься «газетный Сахаров»?
6. Согласен ли Листьев с утверждением, что у кого СМИ, у того и власть политическая?
7. Что говорит Листьев об империях СМИ?

6.3 ТЕЛЕВИДЕНИЕ И ОБЩЕСТВЕННОЕ СОЗНАНИЕ
Всеволод Вильчек [8]

6.3.1 Общество уже не ждет чуда

– Изменения, происшедшие на телевидении, стали очевидны всем. И они начались задолго до 17 августа.[9]

– Разумеется. Какие-то толчки были и они ощущались в самых разных программах. Еще год назад казалось, что все о'кей, все идет нормально, и ОРТ[10] позволило себе поставить в эфир, например, «Золотую лихорадку»... Программа получилась яркая, но публика ее отвергла.

– А что, на ваш взгляд, не понравилось зрителям? Публика оказалась не готова к открытому торгу, обмену интеллектуальных ценностей на презренный металл?

– Это, безусловно, так. Да и сам контраст отторгал – в информационных выпусках люди видели шахтеров на рельсах,[11] голодных людей, а в «Золотой лихорадке» – совершенно другое. Вообще, если еще несколько месяцев назад зрителя привлекали передачи с очень богатыми призами, привлекала вся эта мишура, то затем мы вдруг почувствовали, что люди от этого устали. Они больше не хотят люрекса, они хотят, я бы сказал, большей антикварности их собственной жизни. И вот такие богатые и дорогие программы, «игрушки» вдруг стали отвергаться.

– Вы можете привести еще примеры?

– Очень сильно снизился рейтинг «Поля чудес» с его дорогими призами.

– И вы считаете, что именно из-за дорогих призов?

– Нет, не только. С одной стороны, конечно, рутинизируется сама программа. Если раньше все было «ах!»: ах, выиграли автомобиль! ах, выиграли слиток золота! Сейчас это перестало действовать. Начало меняться эмоциональное состояние общества. Все эти передачи типа «Поля чудес» моделировали ожидание чуда, неожиданно падающего откуда-то счастья, все они были построены по принципу «Золушки». Людям казалось, что они подождут, подождут, да и вытянут в конечном результате счастливый билетик. И это подсознательно, по-моему, привлекало к таким программам. Вдруг это стало отторгаться. Публика стала переориентироваться на программы, которые фиксируют внимание зрителя на обычных жизненных проблемах. То есть, общество уже не ждет чуда, не ждет скорого избавления от своих страданий. Общество стало ощущать жизнь как более или менее нормальную, к которой оно притерпелось, жизнь трудную, в которой нужно надеяться только на себя, думать больше о своих собственных проблемах, а не о каких-то там глобальных политических или других. Но что касается снижения интереса к политическим событиям вообще, так это неправда. Рейтинги информационных программ чудовищно резко повышались всплесками политических событий. То есть любое обострение социальной обстановки – при этом неважно, проистекает это от кризиса политического или экономического, – резко сказывается на рейтинге информационных программ. В наибольшей степени это относится к рейтингам информационных программ НТВ,[12] которые обычно интересуют элиту и вообще более продвинутую публику. Едва начался политический всплеск, как рейтинги НТВ удвоились. Рейтинг программы «Сегодня вечером» стал достигать 18%, чего раньше просто не было на моей памяти.

Вопросы:

1. Какие передачи привлекали зрителей до кризиса 1998 года?
2. Как они воспринимали их?
3. Чем Всеволод Вильчек объясняет тот факт, что такие передачи перестали привлекать?

4. На какие программы публика стала переориентироваться?
5. Снизился ли интерес к информационным программам?
6. Кого интересуют информационные программы телекомпании НТВ?

6.3.2 О рейтингах

– А можно ли для того, чтобы мы ориентировались в вашей телевизионной кухне, назвать наивысший телерейтинг, который был когда-либо зафиксирован? Для нас 18% – это мало, 18% это даже не треть.

– Абсолютный рекорд эфира – это «Старые песни о главном-3» на ОРТ. Эту передачу смотрело около двух третей населения – 65%. Доля этой программы, то есть часть населения, которая непосредственно сидела у телевизора, была больше 70%. Это две цифры, которые мы принимаем, – доля и рейтинг. Это был абсолютный рекорд по обоим показателям. Для кино, насколько я понимаю, абсолютный рекорд установил первый показ фильма «Утомленные солнцем» Никиты Михалкова:[13] рейтинг – 35%, доля тоже приближалась к 70%. Для информационных программ это, конечно, цифры абсолютно фантастические. Но наивысшие рейтинги по-прежнему у программы «Время» – тут традиция десятилетий и характер аудитории. В основном это пожилые люди, которые в течение всей своей жизни привыкли смотреть новости в 21.00. У программы «Время» обычный рейтинг 16–17%. После 17 августа он поднялся до 22%. Выше этих 22–23% никто не набирал. Все информационные программы резко повысили рейтинги из-за встревоженности общества. Обычный стереотип поведения зрителя в кризисных, стрессовых ситуациях состоит в том, чтобы узнать, что происходит, испугаться и затем нырнуть во что-нибудь другое, туда где можно спрятаться.

– В индийские фильмы, например.

– Да, конечно.

– Этого требует зритель?

– Зритель устал от событий. И он хочет какого-то зрелища, не близкого к действительности. Индийское кино смотрят!

Сейчас очень трудно стало покупать качественные зарубежные фильмы. Такие фильмы становятся все дороже и дороже, а денег все меньше и меньше. Поэтому приходится больше показывать старых и отечественных фильмов.

<u>Вопросы:</u>

1. Какие передачи имели рекордный телерейтинг?
2. Какой рейтинг у программы новостей ОРТ «Время»?
3. Кто смотрит эту программу?
4. Как Вильчек описывает стереотип поведения зрителя в кризисных ситуациях?
5. Что тогда ему предлагают смотреть?

6.3.3 Отечественное кино

– Наши старые фильмы 50-х годов или даже 30-х годов зритель смотрит?

– Очень хорошо смотрит.

– Это ностальгия по временам, когда был порядок, когда были хоть какие-то идеалы?

– Трудно сказать. Ностальгия если и есть, а она безусловно есть, то какая-то генетическая, потому что старые фильмы смотрит поколение, которое этих фильмов не видело, ибо в то время не жило: «Волга-Волга», «Сердца четырех».[14] Мифологемы[15] начали работать. А сколько было страданий – ставить в эфир «Кубанских казаков»[16] или нет. Поставили. Были ошеломлены – люди смотрят! Когда-то ругали: лакировка действительности, теория бесконфликтности, а сегодня никто уже так не воспринимает. Разумеется, воспринимают как социальные сказки, но они людям нравятся. Есть обойма фильмов – «Кубанские казаки», «Свадьба в Малиновке»,[17] «Любовь казачки», – которые беспроигрышны, их смотрят по многу раз. Вот как музыку слушают любимую, так же и это кино. Это стало очевидным не сегодня. Интерес к подобным зрелищам в одно время начал было угасать. Он угасал как раз тогда, когда рубль стабилизировался, палатки[18] открывались, дефицит[19] исчез, а сегодня он снова начал проявляться.

Вопросы:

1. Какие советские фильмы зритель «хорошо смотрит»?
2. Как Вильчек объясняет понятие «генетическая ностальгия»?
3. За что ругали такие фильмы, как «Кубанские казаки»?
4. Как зрители их воспринимают теперь?
5. А когда интерес к таким фильмам стал было угасать?

6.3.4 Манипулирование сознанием

– Если известно, что держит аудиторию, известны ее предпочтения, то зрителем наверняка можно манипулировать. Можно заставить их смотреть то, чего они и не хотели бы видеть и слышать.

– Я вас понял и даже расширю эту тему – телевидение и манипулирование сознанием. Во время второго тура голосования 1996 года[20] все избирательные комиссии были в шоке – до 11–12 часов дня никто не шел на избирательные участки. Шли депеши в Центр о том, что явка ниже, значительно ниже, чем во время первого тура. А объяснялось это очень просто. На телевидении знали, что первыми на избирательные участки обычно идут пенсионеры. Именно в утренние часы на избирательных участках создается однородная пенсионерская микросреда, и все они голосуют одинаково. Например, за Зюганова. Едва появляется интеллигенция, молодежь и вообще более продвинутая публика, которая встает позже и не так спешит на избирательные участки, как обстановка разряжается. Мы специально пронаблюдали и выяснили, что даже самые принципиальные ветераны в такой обстановке начинали сомневаться в том, что необходимо голосовать именно за Зюганова. Нельзя было создавать такую однородную среду представителей старшего поколения. Какое решение можно было принять в такой ситуации? В сетку были поставлены три серии «Секрет тропиканки»[21] подряд. При этом было анонсировано, что это последние, заключительные серии. В итоге, во-первых, очень многие не поехали на дачи, а это было очень важно, поскольку практически все знали, что чем больше народа придет на избирательные участки, тем больше шансов у Ельцина. Во-вторых, была размыта однородность массы пенсионеров. Они пришли позже, вместе с другими группами населения, и соответственно многие из них проголосовали не так, как намеревались раньше. Вот вам пример манипулирования всего лишь соответствующим программированием передач. Разумеется, с помощью показа определенных фильмов можно было создать в обществе атмосферу тревоги: например, показывая «Холодное лето 53-го», «Защитник Седов»[22] и убрав из эфира оптимистичные ленты. В период выборов как раз на телевидении и близко не было ностальгического отечественного кино. То есть атмосфера вся создавалась за счет эфира.

<u>Вопросы:</u>

1. Как, по мнению журналиста, можно использовать знание того, что «держит» аудиторию?
2. Что произошло утром в день второго тура голосования на президентских выборах 1996 года?
3. Что знали на телевидении об электоральном поведении пенсионеров?
4. Почему это было нежелательно?
5. Какое решение было принято?
6. Что произошло в итоге?
7. Как использовались фильмы?

6.3.5 Не нужно раскачивать лодку

– У нас есть, во-первых, государственный канал, у нас есть РТР,[23] но у государства нет денег на собственное телевидение. И сейчас ситуация такова, что смотрят больше ОРТ.[24] И это при том, что ОРТ очень много за последнее время потеряло. Все равно ОРТ лидирует в эфире. Аудитория НТВ[25] чуть побогаче, чуть поблагополучнее, чуть попродвинутее и не склонна к каким-то акциям. Аудитория ОРТ – наиболее напряженно живущая аудитория, особенно в провинции, где НТВ вообще только в более благополучных семьях воспринимается нормально.

– Поэтому коммунисты претендуют больше на ОРТ, чем на НТВ?

– Да, это их аудитория. Это аудитория провинции. Существует закономерность – чем дальше от Москвы, тем популярнее ОРТ, и все наоборот для НТВ.

Но есть и еще кое-что. В последнее время ОРТ очень сильно дестабилизирует ситуацию, показывая «чернуху»,[26] «чернуху» и еще раз «чернуху». НТВ гораздо спокойнее вещает. На НТВ поняли, что не нужно раскачивать лодку, и стали более сбалансированно и четко работать. Дистанцирование без перехлеста эмоций.

– Но для телевидения появилась сейчас новая опасность: оно будет пытаться создавать некий виртуальный мир, прикрываясь тем лозунгом, что не хочет раскачивать лодку. То есть оно, убегая от «чернухи», будет показывать некую благостную картину жизни, в которой не будет места неприятным фактам.

– Мне кажется, что это не совсем так. Я помню и статью Даниила Дондурея в «Известиях». Он обвинил средства массовой информации вообще и телевидение, в частности, как раз в раскачивании лодки. В статье было много правды, но в основном неправда. Я позвонил тогда Дондурею, благо мы с ним хорошо знакомы, и сказал: «Даня, если дом в Москве рухнул, то все равно это покажут, потому что это новость. А если остальные дома стоят, то их не показывают, потому что в этом нет ничего необычного и нет новости. Если пожар случился, землетрясение произошло или кого-то убили, разве показывают, что все остальные живы и у них ничего подобного не произошло? Не показывают».

Если же подобные аномалии множатся экраном да еще на фоне довольно безрадостной жизни, то, безусловно, создается неадекватное впечатление – впечатление, что только убивают, только похищают заложников. Мы вынуждены об этом думать как раз для того, чтобы давать более или менее объективную картину реальности. Это одно. И второе: сколько чего не показывай человеку, все же есть какие-то барьеры, за которыми зритель перестает воспринимать любую информацию. Что-то там щелкает и выключается: все, с меня хватит, дайте мне что-то другое.

Во время Великой депрессии американцы это поняли и заставили людей улыбаться. И у нас сегодня лучше всего идут юмористические программы. Пусть плохие юмористические программы, но у них безумный рейтинг.

Интерес зрителя далеко не всегда зависит от качества передач. Есть сколько угодно примеров хорошего кино, хороших программ, а люди их не хотят смотреть, и вещание вольно или невольно, но подстраивается под аудиторию.

«НГ»

Вопросы:

1. Какая аудитория смотрит ОРТ, и какая НТВ?
2. Какая здесь связь с географией?
3. Почему Вильчек считает, что ОРТ «дестабилизирует ситуацию»?
4. О какой опасности говорит журналист?
5. Согласен ли Вильчек с ним?
6. О какой статье он вспоминает в этой связи?
7. Как Вильчек объяснял автору этой статьи, что такое новость?
8. В чем Вильчек видит вред показа на экране множества таких «аномалий»?
9. Какую картину реальности хочет давать НТВ?
10. Какой еще довод о бесполезности показа «чернухи» он приводит?
11. Что произошло в подобной ситуации в Америке?
12. Что Вильчек говорит о связи между качеством программ и интересом зрителей к ним?

6.4 МОСКОВСКИЕ ЛИТЕРАТОРЫ

Новая эпоха, переломавшая всю прежнюю жизнь, изменила и положение в литературе. Старый писатель начал вымирать быстро и безнадежно, как мамонт. А вместе с ним – редакторы, толстые журналы, издательства, литфонд, писательские «дома творчества», поселки и поликлиники и пр. и пр., что составляло некогда славу и своеобразие советской литературы. На их месте нарождается новая литература и новый литератор.

6.4.1 Литератор–поденщик

Он вынужден довольствоваться таким определением потому, что именно поденная работа составляет главный источник его существования. Многие его коллеги того же возраста (а литератор–поденщик молод – ну, разумеется, по современным понятиям, – ему от 25 до 40 лет) вынуждены зарабатывать чем угодно (торговлей, спекуляцией, картежной игрой, конторской службой, преподаванием – что лучше всего), но не литературой.

Литератор–поденщик может гордиться собой (что он и делает, чертыхая при этом совписов[27] и всю советскую интеллигенцию, по своей ультрадури запихнувшую его – деятельного человека – в нынешнюю экономическую дыру). Да, господа, он может гордиться тем, что живет литературным трудом.

Конечно, он зарабатывает не собственно литературой – не книгами и не журнальными публикациями, – но газетными статьями. Если писать много (а это требовательному литератору делать довольно трудно) и печататься в разных местах (а это делать несколько проще, так как хороших «текстов» довольно мало, а газет много), можно заработать на жизнь.

Литератор–поденщик не знает, что такое аванс, что такое «творческий отпуск» (была такая привилегия у старорежимников – ничего не делать долгое время и получать деньги), что такое стипендия союза писателей, но он не знает и что такое партийное собрание, писательский съезд и ор начальствующего болвана. Он тотальный профессионал: каков текст – его интересует в первую очередь.

Делает ли газетная служба великих писателей? Марк Твен служил репортером, Джойс, уже став великим, вынужден был писать в газеты. Писали в газеты и Чехов, и Булгаков, и Платонов etc. Но справедливо оговориться – литераторы мечтали бы, чтобы необходимости писать в газеты не существовало.

Вопросы:

1. Как автор определяет понятие «литератор–поденщик»?
2. Каков возраст поденщика?
3. Чем он вынужден зарабатывать?
4. Можно ли заработать на жизнь газетными статьями?
5. Жизнь литератора–поденщика лучше или хуже, чем жизнь писателя–старорежимника?

6.4.2 Массовики

Настоящий бум массовой литературы, который начался в России в нашу эпоху, позволил многим литераторам испытать себя на этом поприще, тем самым обеспечив себе пристойное существование. Однако если еще несколько лет назад, когда все начиналось и массовиков было мало, издательства могли отваливать баснословные суммы (нередко это было связано просто с отмыванием криминальных денег), то теперь, когда рынок массовой книги перенасыщен, гонорарные ставки резко упали. Типичный массовик далеко не богат, как и большинство простых российских обывателей.

Но в отличие от поденщика, склонного, несмотря на свое умение работать, к рефлексии и даже нытью, массовик бодр, поджар, пружинист и вообще внешне производит впечатление беззаботного бонвивана, которому деньги и все должные удовольствия земной жизни сами идут в руки. Различия между поденщиком и массовиком объяснимы разницей поколений. Психический образ поденщика складывался на фоне крушения империи. Массовик же сложился раньше – в бодрости студенчества 70-х. Массовик, который вполне может глядеть на поденщика свысока – как-никак его труд формально ближе к литературе, нежели газетный, – все-таки завидует поденщику. Иногда в глубине души массовик таит надежду на возвращение к настоящей литературе, но эта надежда призрачна, как призрачны романы, выскакивающие из-под клавиш с полустертыми буквами. Поэтому по большей части он уже не мечтает о перемене своей жизни, тогда как желание перемен – одно из главных в душе поденщика. Поденщик пока еще остается идеалистом. Жить только литературой ему куда более нравно, поэтому он надеется на восстановление полноценной литературной жизни. Поденщик еще чего-то ждет от жизни. Массовик доживает.

Поэтому и читатель у них разнится: читатель массовика ждет от искусства наркотического удовольствия – ему хочется забыться от беспросветной пьяной страшной русской жизни, читатель поденщика гораздо более литературен, ему мало ослепительных канарских пляжей, длинноногих красавиц и приличных счетов в банке, ему хочется «ткани прозы», ему хочется стиля, которым так страшно и стыдно бедна русская литература нашего века, который завораживает, который неизъясним в двух словах, который либо есть, либо его нет, но который тянет вас туда, в течение слов, в игру, нет, в дыхание интонации, этой тайны словесного ремесла, этого голубого света на выхваченном солнцем в морозный день февральском снегу...

«НГ»

Вопросы:

1. Как изменился рынок массовой книги по сравнению с тем, что было несколько лет назад?
2. Что это означало для авторов таких книг?
3. Как отличается массовик от поденщика своим характером?
4. Чем объясняются эти различия?
5. Чего ждет читатель массовика?
6. А каков читатель литератора–поденщика?
7. Чего хочется такому читателю?

6.5   РЕСТОРАННЫЙ МУЗЫКАНТ

Ресторанный музыкант – профессия специфическая. С одной стороны, это как бы люди искусства. С другой – обслуживающий персонал, чуть посолидней официанта. Изо дня в день играть музыку для людей, занятых поглощением пищи, кажется на первый взгляд не самым приятным занятием. Но многие нынешние «звезды большой сцены» выступали когда-то в ресторане. Причем большинство из них считают тот первый период своей жизни трудным, но полезным! Следовательно, рестораны по праву можно назвать «школой звезд эстрады».

Но, увы, далеко не все ресторанные музыканты выбиваются в «звезды». Многие так и остаются на этой сцене, день за днем и год за годом играя чужую музыку и исполняя хиты тех, кто смог подняться на большую сцену. С одним из таких музыкантов, гитаристом Александром М., я и встретилась, чтобы поговорить о его житье-бытье...

В ресторанах он играет уже более 10 лет, за работу свою держится, а потому попросил меня свою фамилию на страницах газеты не называть. Обнародованная информация может не понравиться его работодателям, и Александра выгонят в два счета. Деньги же за свою работу он получает немалые. Точной цифры он, конечно, не назвал. Но, судите сами: недавно он приобрел двухкомнатную квартиру в ближнем Подмосковье, на работу ездит, как правило, на своей машине. Да и семья его своим материальным положением вполне довольна. Во всяком случае, «подыгрывать» звездам, выступая с ними на концертах, Александр не хочет.

Когда-то продюсер группы «Ария» Векштейн (ныне покойный) звал Александра в нее, но тот отказался: «У меня как раз тогда ребенок родился, деньги нужны были, а там я имел бы меньше, чем в ресторане. Да и что такое концертная деятельность, я хорошо знаю. Нет, гастроли – это не для меня!»

Сейчас заработки ресторанных музыкантов стали несколько похуже, чем, скажем, 10 лет назад, – народ в рестораны ходит меньше. Раньше ведь как было – везде таблички «мест нет» висели. А сейчас клиентов в любом ресторане ждут, как дорогих гостей: «нет клиента – нет заказов у музыканта. А наш основной заработок это как раз заказ».

На данный момент Александр работает в респектабельном ресторане в центре Москвы. Владелец ресторана имеет еще несколько таких заведений, но в Германии. Ресторан солидный и дорогой, а посетителей мало бывает, за вечер всего 5–6 человек. Ресторан, по словам Александра, явно работает себе в убыток, но хозяин его почему-то не закрывает. Зарплату музыкантам такую положил, что и без заказов на судьбу не жалуются.

«Но бывает, нет-нет заказов, вдруг зайдет такой солидный бизнесмен, что сделает погоду просто для всего обслуживающего персонала! Начиная с раздевалки, по сто долларов всем – гардеробщику, официантам. Все вокруг него вьются так... К нам подойдет, влегкую отсчитает:[28] «Ребята, поиграйте что-нибудь старенькое. Это только аванс!»

Кстати, о репертуаре! Больше всего заказывают то, что было популярно в 70–80-х. Из наших – «Машина времени», «Воскресенье», «Цветы». Из иностранного – «Роллинг стоунз», «Дип Пёпл», «Смоуки». Из современного же заказывают мало. Связано это, вероятно, с тем, что рестораны посещают в основном те, чья молодость пришлась именно на эти годы. Молодежь ходит в клубы, а люди постарше могут позволить себе дорогой ресторан. Вот ностальгия по юности и дает о себе знать. А где, как не в ресторане, можно расслабиться, послушать музыку тех лет?..

Что интересно, очень часто заказывают Гимн Советского Союза! При этом чувствуется, что иногда люди действительно отдают дань прожитому, а иногда просто прикалываются![29]

Больше всего музыканты не любят, когда гуляет так называемая «братва».[30] Поскольку о музыкальном вкусе речь в этом случае не идет, то и заказывается в основном «блатная лирика».[31] Ведет себя «братва» соответственно – нагло и по-хамски, бывает, что прямо в ресторане разборки[32] устраивают, а то просто стрельбой развлекаются. «Гуляла раз в нашем ресторане какая-то группировка, отмечали чей-то день рождения. На столе чего только не было! За годы работы я шикарней стола не видел. Стриптиз они себе заказали. Девчонки выступили и уехали. А они потом без женщин сидели и сильно перебрали[33] под конец. Какой-то «авторитет» достал «ТТ»,[34] прицеливаться стал то туда, то сюда. Кто-то возьми и скажи ему: «А в икебану[35] попадешь?» Над сценой, где мы работали, висела икебана, закрепленная на фанере. «Авторитет» начал стрелять, другие к нему присоединились. Они стреляют, мы играем, а куски свинца на наши клавишные падают... Ощущение было не из приятных».

Протестовать музыканты не могли – во-первых, братва могла и их шутки ради перестрелять, а во-вторых, деньги за тот вечер они получили очень неплохие, вот и молчали в тряпочку.

Вокруг все пьют, но сами музыканты на работе практически не употребляют спиртного: «Кто на работе пьет, тот долго на ней не задерживается – спивается!» А от посетителей музыканты спиртное не принимают принципиально: «Нам часто предлагают выпить, но мы, как правило, отказываемся, уж слишком это унизительно. Если хочешь заказать вещь хорошую, полюбившуюся – дай денег! А налить сто граммов – это несолидно!»

В ресторане случается всякое. Бывает, что посетительницы хорошо выпьют, сами раздеваться начинают – и стриптиза штатного не надо! К музыкантам тоже иногда клеются. «Женщины музыкантов любят. Звонят, интересуются. Всякое происходит, но я это особо не афиширую – семья, дети! Так что ничего серьезного у меня с ними быть не может. Но, конечно, случается...»

Что ж, сцена есть сцена! Даже в ресторане она приковывает к себе внимание людей. Но в глубине души Александр по-прежнему мечтает о большой сцене, хотя и не признается в этом открыто: «Для себя я что-то сочиняю, играю, но – дома. Зато клавишник наш записал компакт-диск! Скоро выйти должен, раскручивать[36] его будут...»

«НГ»

Вопросы:

1. Какая это профессия – ресторанный музыкант?
2. Что о ней говорят те, кто выбился в «звезды»?

3. С каким музыкантом говорит журналистка?
4. Почему он держится за свою работу?
5. Была ли у Александра возможность выйти на «большую сцену»?
6. В каком ресторане он работает?
7. Какие там бывают клиенты?
8. Что они заказывают у музыкантов?
9. О каком случае из развлечений «братвы» рассказывает Александр?
10. Почему музыканты не принимают спиртного от посетителей?

6.6 АРБАТСКИЕ ХУДОЖНИКИ

На Старом Арбате начался очередной арт-сезон. Эту улицу художники уже второе десятилетие считают своей, утверждая, что мэр[37] самолично разрешил им здесь творить и даже не платить с доходов налог.

6.6.1 Улица живых денег[38]

В переходе через Арбатскую площадь меня остановила улыбающаяся особа средних лет: «Девушка, рисоваться не желаете? Не отказывайтесь, ваше лицо так на портрет и просится. Возьму недорого, сколько дадите».

В конце 80-х многие художники оказались без привычных оформительских заказов, и улица стала единственным, пусть и не очень стабильным, источником заработка. Потому что, как цинично заметил один арбатский рисовальщик, художники процветают только в богатых странах и... в тоталитарных. В первом случае обыватель может позволить себе такую роскошь, как картины, а во втором – художники заняты прославлением культа личности.

Поначалу художники промышляли в центральных городских парках, особенно в Битце, но потом переместились на Старый Арбат, где, как они говорят, публика «к искусству настроена лояльнее». Не то что, например, на территории ВВЦ,[39] где «у прохожих на уме только, какой чайник лучше купить» и один рэкетир (кстати, бывший художник) требует 50 руб. в день за место.

Как сообщили мне арбатские портретисты, весной, летом и ранней осенью в разных точках города подрабатывают около 300 художников. Зимой остаются те, кому уже нечего терять или до зарезу нужны деньги. Средний возраст уличных художников – 45–50 лет, но есть и молодые, еще не похоронившие мечты порисовать на Монмартре или, по меньшей мере, на Карловом мосту в Праге.

Примерно каждый третий уличный художник – выходец из далекой или близкой провинции. У многих одно или даже два высших образования, чаще всего это выпускники Суриковского, Строгановки или МАрхИ.[40] Хотя, по мнению 33-летнего бородатого Сергея, выпускника Строгановского училища, профессионалов среди арбатских рисовальщиков не больше половины. «На улице крутится масса самозванцев от искусства. Своей бравадой они отбивают хлеб у настоящих художников». Для самого Сергея арбатская «халтура» – скорее практика и отдых от красок (его основная работа – заказы на живопись). На Арбате бывает только в хорошую погоду и чаще по выходным. Иногда за неделю не сделает ни одного портрета, а иногда за день нарисует на сто долларов. Часть его бывших сокурсников давно ушли в бизнес или переквалифицировались на компьютерную графику, кто-то спился, а многие на первый же солидный заработок «смотались за кордон» – во Францию, Германию или Америку. Сергей, хотя и остался дома («не хватило пробивного таланта»), больше любит рисовать иностранцев. Платят твердой валютой и к художнику относятся уважительно, даже с почтением. А москвичи, по его мнению, с каждым годом становятся недоверчивее, высокомернее, капризнее: «Часто от портрета требуют фотографического сходства, не понимая, что у художника может быть свой почерк и видение мира. И смотрят на нас как на маргиналов, попрошаек, только побирающихся изысканным способом».

Вопросы:

1. Давно ли уличные художники считают Старый Арбат своим?
2. Что произошло в конце 1980-х годов?
3. Где и почему процветают художники?
4. В каких местах промышляли художники до Арбата?
5. Почему они переместились сюда?
6. Как меняется численность художников в зависимости от времени года?
7. Каков их средний возраст?
8. Есть ли среди них художники-профессионалы?
9. Что рассказывает о своих сокурсниках Сергей?
10. Почему он предпочитает рисовать иностранцев, а не москвичей?

6.6.2 Красавицей сделают любую

Свою работу уличные художники называют «бизнесом с элементами творчества». На вопрос, всегда ли есть вдохновение творить, многие смеются: мол, какое тут вдохновение, когда надо заработать на кусок хлеба. Поэтому рисуют часто «на автомате». Бывает, что результат клиенту не нравится, но такое случается редко. Во-первых, потому что портреты, как считают рисовальщики, чаще всего заказывают уверенные в своем обаянии люди. А главное, каждый уличный художник старается изобразить человека привлекательнее, чем он есть на самом деле, сделать более выразительным взгляд, губы.

Черно-белый портрет, выполненный карандашом, пастелью или сухой кистью, стоит от 50 до 150 руб., цветной – от 200 до 400 руб. «Торгуясь с клиенткой, – рассказывает Глеб, арбатский рисовальщик с 8-летним стажем, – я всегда смотрю на ее обувь и пытаюсь определить, что у нее за духи. Если дорогие, за портрет прошу не меньше 350 руб. А какую-нибудь студентку иной раз и за 40 руб. нарисую, получив не меньший кайф. Как-то раз ко мне явилась целая делегация чиновников, как они представились, из лужковского окружения. Заплатили очень щедро. А вообще наша работа неблагодарная, нервная, чистая

156

лотерея: повезет – будут деньги, нет – на судьбу не ропщи». Глебу недавно исполнилось 50. Его работы лежат в запасниках десятка европейских музеев, он не раз выставлялся в Манеже и ЦДХ,[41] но на персональную выставку нет денег.

Глеб стоял у своего мольберта с видом неоцененного мэтра,[42] не торопясь зазывать прохожих. По его словам, у каждого художника свои «секреты фирмы», и работа на улице – это всегда немного шоу. Но в одном рисовальщики единодушны: они убеждены, что изначально имеют то, чего остальные смертные безуспешно пытаются достичь всю жизнь, – свободу. Рисовать на улице лучше, чем устраиваться в школу на оклад 500 руб. в месяц.

«АиФ»

Вопросы:

1. Как художники называют свою уличную работу?
2. Как они работают, когда нет вдохновения?
3. Почему в большинстве случаев клиенты довольны их работой?
4. Как Глеб торгуется с клиенткой?
5. Каково основное преимущество работы уличного художника?

Notes:

[1] Борис Кагарлицкий – political scientist associated with the new Russian left, Senior Research Fellow at the Russian Academy of Sciences Institute for Comparative Political Studies – Институт сравнительной политологии РАН.
[2] reference to works of Soviet writers left lying in their desk drawers because they could not be published
[3] фуршет – corporate hospitality, banquet
[4] Андрей Сахаров (1921–1989) – eminent physicist, campaigner against Soviet abuse of human rights in the 1970s, a person of high moral authority.
[5] Владислав Листьев (1956–1995) – popular television personality during the early period of Mikhail Gorbachev's reforms, later became a television executive, a job which is believed to have led to his assassination on 1 March

1995. The extract dates back to October 1994, but was only published in February 1998 partly to draw the public's attention to the fact that List'ev's murder had remained unsolved

[6] у кого четвертая власть – who owns or controls the media

[7] Reference to the results of the 1993 Duma elections in which the Liberal Democratic Party headed by Vladimir Zhirinovsky gained a surprisingly high number of seats – 64; cf. Russia's Choice with 70, and the Communist Party with 48 seats

[8] The interview in this extract, which dates from October 1998, is with Всеволод Вильчек, chief analyst of the independent television channel НТВ.

[9] Reference to the first day of the financial crisis which came to be known as the August 1998 crisis

[10] ОРТ – Общественное российское телевидение, Russia's main television channel, which evolved from Ostankino, successor to Channel 1 of Central Television of Soviet times. Ostankino was partially privatised in 1995 when it became OPT; it is owned jointly by the state and a number of private interests, including Boris Berezovsky's LogoVAZ group

[11] Reference to direct action by the miners who blocked railway lines in support of their demands for payment of wage arrears

[12] НТВ – независимая телекомпания НТВ, founded in 1993 by Игорь Малашенко, Олег Добродеев and Евгений Киселев; the company deciphers its logo as наше телевидение, новое телевидение, настоящее телевидение; НТВ has been particularly noted for its highly professional and influential news and current affairs programmes

[13] «Утомленные солнцем» – made in 1994 by the eminent actor–director Никита Михалков, depicting the life of the Soviet elite against the background of the Stalin purges of the 1930s

[14] «Волга-Волга» – a musical comedy made in 1938 by the director Григорий Александров; «Сердца четырех» – a musical comedy of errors on the theme of love made in 1941 by the director Константин Юдин

[15] мифологема – a myth passed down from generation to generation

[16] «Кубанские казаки» – a romantic comedy made in 1949 by Иван Пырьев, noted especially for its optimistic tone and scenes depicting sumptuous feasts

[17] «Свадьба в Малиновке» – a musical comedy by Андрей Тутышкин made in 1967

[18] палатка – market stall

[19] дефицит – reference to shortages of desirable consumer goods which were endemic in Soviet times

[20] Reference to the second ballot of the presidential elections which took place on Sunday, 3 July 1996; Boris Yeltsin won 53.8% of the vote while his

remaining opponent, leader of the Russian Communist Party Геннадий Зюганов received 40.3%

[21] «Секрет тропиканки» – Latin American soap opera, one of a series of such programmes which were extremely popular

[22] «Холодное лето пятьдесят третьего...» – a film by Александр Прошкин made in 1988 about the heroism of two victims of the Stalin purges; «Защитник Седов» – a dramatic portrayal of a defence of a victim of the purges made in 1988 by director Евгений Цымбал

[23] РТР – Российская телерадиокомпания, set up in May 1991 on the basis of Channel 2 of Central Television; its programmes can be seen on 90% of the territory of the Russian Federation

[24] ОРТ covers 98.8% of the territory, its audience share (by its own calculation) is 40%

[25] НТВ broadcasts can be seen on 60% of Russia's territory

[26] «чернуха» – reference to depressing programmes about hardship and privation in the lives of ordinary Russians

[27] совпис, abbreviated from советский писатель – a disrespectful reference with connotations of 'pissing about', not being a real writer

[28] влегкую отсчитать – to count out in a laid-back sort of way

[29] прикалываться – to mess about, do something for a laugh

[30] «братва» – tough guys, gangsters

[31] «блатная лирика» – lyrics in criminal slang

[32] разборка – bust up, settling of scores

[33] перебрать – to have too much to drink

[34] «ТТ» – a Tokarev pistol

[35] икебана – a Japanese-style (artificial) flower arrangement

[36] раскручивать – to plug, to promote (a new song, album or CD)

[37] Reference to Moscow mayor Юрий Лужков

[38] живые деньги – ready cash

[39] ВВЦ – Всероссийский выставочный центр – exhibition and conference centre also involved in retailing, based on the former ВДНХ – Выставка достижений народного хозяйства СССР

[40] Суриковский – Московский художественный институт им. В.И. Сурикова; Строгановка – Московский художественно-промышленный институт им. С.Г. Строганова; МАрхИ, МАРХИ – Московский архитектурно-художественный институт

[41] Манеж – exhibition hall on Манежная площадь in Moscow; ЦДХ – Центральный Дом художника – art complex including exhibition facilities

[42] мэтр – maître, master